一分钟打动他人心理

任利红 编著

北京工业大学出版社

图书在版编目（CIP）数据

一分钟打动他人心理 / 任利红编著 . —北京：
北京工业大学出版社，2010.1（2020.9 重印）
ISBN 978-7-5639-2052-5

Ⅰ.①一… Ⅱ.①任… Ⅲ.①口才学—通俗读物
Ⅳ.① H019-49

中国版本图书馆 CIP 数据核字（2009）第 217797 号

一分钟打动他人心理

编　　著： 任利红

责任编辑： 杨　青

封面设计： 末末美书

出版发行： 北京工业大学出版社

地　　址： 北京市朝阳区平乐园 100 号

邮政编码： 100124

电　　话： 010-67391106　010-67392308（传真）

电子信箱： bgdcbsfxb@163.net

承印单位： 北京德富泰印务有限公司

经销单位： 全国各地新华书店

开　　本： 880mm × 1230mm　1/32

印　　张： 6

字　　数： 130 千字

版　　次： 2010 年 1 月第 1 版

印　　次： 2020 年 9 月第 2 次印刷

标准书号： ISBN 978-7-5639-2052-5

定　　价： 35.00 元

　　有人说，在这个世界上，最能打动他人心理的，不是金钱，不是权力，而是口才。

　　因为，一个会说话的人，总是能在最恰当的时机，对恰当的人，说出最恰当的话。一个会说话的人，总是能口吐莲花，化险为夷，平步青云。相反，一个不会说话的人，往往举步维艰，处处受限，甚至危机四伏。

　　从前，有一位国王。一天晚上他做了一个梦，梦见自己满嘴的牙都掉了。于是，他就找来两位解梦的人。国王问他们："为什么我会梦见自己满口的牙全掉了呢？"第一个解梦的人就说："国王，梦的意思是，在你所有的亲属都死去以后，你才能死，一个都不剩。"国王一听，龙颜大怒，杖打了他一百大棍。第二个解梦的人说："至高无上的国王，梦的意思是，您将是您所有亲属当中最长寿的一位！"国王听了很高兴，便拿出了一百枚金币，赏给了第二位解梦的人。

　　俗语云："会说话的，说得人笑；不会说话的，说得人跳。"同样的事情，同样的内容，为什么一个人会挨打，另一个人却受到嘉奖呢？因为挨打的人不会说话，受奖的人会说话而已。

在竞争日益激烈的现代社会，会说话已成为衡量人才的重要标准之一。它不仅是交际的武器，更是知识和智慧的体现。练就一副好口才，既可以充分展示自己的才能，也可以获得上司的赏识、下属的认同，成为生活与工作中最受欢迎的人。

美国成功学大师戴尔·卡耐基曾说："当今社会，一个人的成功，仅有一小部分取决于专业知识，而大部分取决于口才的艺术。"不管是男人还是女人，都爱听顺耳的话。想要成功，好口才就是最好的武器。

说话是一种技巧，更是一门艺术。但任何技巧都不是生下来就掌握了的，它需要经过不断的学习和磨炼。本书编者衷心祝愿所有读者，经过口才的磨炼，都能成为说话高手，并迅速提升说话艺术水平，为你的生活与事业锦上添花！

| 目 录

第一章

心理效应与说话艺术——看透人心说对话

赞美效应：我们都希望被人肯定 // 3

超限效应：说话要适可而止 // 8

名片效应：谈话时要引起对方共鸣 // 11

南风效应：温和的言语让人敞开心扉 // 14

禁果效应：吊胃口引起他人注意 // 17

门槛效应：小要求容易被人接受 // 20

出丑效应：完美中带点小缺憾的人更受欢迎 // 23

拆屋效应：抓住人们喜欢调和、折中的心理 // 26

第二章

做得好更要说得好——有话就得好好说

说得好，让你活得更轻松 // 33

不求语出惊人，但求有话好说 // 37

与陌生人交谈，要善于活跃气氛　//39

开场白就是打开话匣子的钥匙　//43

直说伤人，含蓄是一种魅力　//48

一言敌千金，会干还要会说　//51

埋头苦干≠升职加薪　//54

适度表功，不做"幕后英雄"　//60

职场中人要会说的10句话　//63

第三章

没有人不爱听赞美的话——把话说到心窝里

没有人不喜欢赞美的话　//69

身处逆境的人更需要赞美　//71

别让赞美变为奉承　//75

有的放矢，避免陈词滥调　//78

情真意切的称赞最受欢迎　//81

间接赞美更显诚意　//84

倾听就是最好的赞美　//87

第四章

忠言未必逆耳——批评他人的8个心理法则

法则1：忠言不必逆耳　//93

法则2：批评之前先给个甜枣吃　//96

法则3：批评要因人而异　//99

法则4：委婉地提醒对方的错误　//101

法则5：批评他人前可以先谈自己的错误　//103

法则7：对事不对人，批评不伤人　//104

法则8：批评也可以悦耳动听　//106

第五章

假"说"真时真亦假——看准上司的心理再说话

与上司沟通的语言技巧　//113

要懂得迎合上司的心理　//116

不能说的话就一定不说　//119

机智应对，赢得好感　//124

迂回战术比单刀直入好　//126

向上司表达不同意见要讲究方式　//129

工作的快乐要讲给上司听　//135

不在上司面前谈论敏感话题　//138

上司批评你时，你该如何说　//142

第六章

该说"不"时就说"不"——拒绝他人的8个心理定律

定律1：幽默诙谐，乐呵呵地说"不"　//151

定律2：搪塞拒绝，含糊地说"不"　//155

定律3：寻找借口，借助外界条件说"不" // 160

定律4：先肯定，后否定地说"不" // 164

定律5：动之以情，晓之以理地说"不" // 167

定律6：做出补偿，科学地说"不" // 170

定律7：巧妙诱导，委婉地说"不" // 173

定律8：热情友好，大胆地说"不" // 177

心理效应与说话艺术

——看透人心说对话

说话是人与人之间最主要的交流方式，也是最容易激发心理效应的武器。如说话的赞美效应、名片效应、南风效应、门槛效应等，都是在说话艺术中最易产生波澜的心理反应。如果你想利用说话这个武器与他人进行一场心理博弈，就得掌握对方的心理，这样才能在口才交锋中出奇制胜。

赞美效应：我们都希望被人肯定

赞美对任何人来说都是必不可少的。心理学家威廉·詹姆斯曾说过："人类本质中最殷切的要求就是渴望被肯定。"的确，当一个人应该得到赞美而得不到时就会心灰意冷、牢骚满腹，甚至从此自暴自弃。反之，当他听到别人对自己长处的赞美时，就会感到愉快，鼓起奋进的勇气。即使他现在还不够完美，只要你给予他恰如其分的赞美和肯定，那么在不久的将来，你就会惊喜地发现，他已经成为你想让他成为的那类人了。

一个酋长有3个女儿，大女儿和二女儿漂亮能干，均以12头牛的聘礼被人娶走。可是三女儿和两个姐姐比起来就逊色多了，既不像两个姐姐那么能干，也不像她们那么漂亮。酋长便放出话来，如果谁愿意娶她，只要6头牛的聘礼就够了。后来，有一个人坚持以12头牛的聘礼娶走了三女儿。一年后，当酋长再次见到三女儿的时候惊讶地发现，她变得非常能干，一言一行无不落落大方，让人发自内心地赞赏，她的仪态万方使她看起来魅力十足。酋长问女婿是如何办到的，女婿微微一笑说："我只不过告诉她，她确实值12头牛的聘礼。"

肯定和赞美，特别是来自伴侣的肯定和赞美，能让女人更加美丽、自信。不仅如此，来自身边的人的哪怕只是一句发自内心的赞美和肯定都可以让一个人从此重拾自信，焕发出别样的美丽。

萧萧的隔壁新搬来一家人，男主人刚从乡下调来城里工作，女主人是家庭主妇。夫妻俩初次造访萧萧家，男主人在介绍妻子的时候，说她是"乡下人""文化低""没见过世面，不懂城里的许多规矩"，萧萧当他是在谦虚，就没在意。

在后来的交往中，萧萧发现男主人总是说他妻子"不行"之类的话。可萧萧在相处中发现，她其实挺能干的：毛衣织得好、屋子收拾得干净、厨艺很棒……她还比较热心，常将楼梯口和楼外的空地打扫得干干净净，并不时帮邻居做一些事，只是她极度缺乏自信，见人总是一副怯生生的模样。

后来萧萧买了一件漂亮的羊毛衫，但还没穿两天，就在一次外出郊游时把领口扯豁口了。萧萧不会编织，扔了又觉得可惜，想起邻居女主人心灵手巧，便拿到新邻居家，请那位妻子帮忙。女主人找来一些毛线，编织了一个漂亮的蝴蝶结，然后织到豁口处，整件羊毛衫变得比先前更加漂亮了。萧萧一见到修补过的羊毛衫，就由衷地赞美她："你真能干！""我不行的。"女主人羞涩、谦虚地回答，但她的眼睛却变得熠熠闪光，整个人也精神起来。萧萧愣了一下，忽然间明白，平时她之所以缺乏自信，畏畏缩缩，见人怯生生的，眼里没有神采，整个人缺少精神，就是因为她的生活中缺少赞美，特别是来自至亲至爱的丈夫的赞美，她的努力得不到应有的肯定，所以她以为自己真的很平庸，而这种想法掩盖了她本该有的光芒。

一个人无论是在少年时期还是长大成人，无论地位卑微还是尊贵，无论身处顺境还是逆境，都渴望受到他人的重视，得到他人的尊重与赞赏。就连乔治·华盛顿也喜欢人家称呼他"美国总统阁下"；哥伦布也曾要求女王赐予他"舰队总司令"的头衔；凯瑟琳女皇拒绝接受没有注明"女皇陛下"的信函；林肯夫人在白宫的时候，有一次对格兰特夫人咆哮道，没有我的邀请，你居然敢出现在我的面前；法国作家雨果最热衷的莫过于希望有朝一日巴黎能改名为雨果市；甚至连著名的莎士比亚，也千方百计地为自己的家族获得一枚象征性荣誉的徽章。

从心理学的角度来看，人们的行为受到动机的支配，而动机又是随着人们的心理需要而产生的。一旦人们渴望得到他人的肯定的心理需要得到满足，便会成为其积极向上的原动力。比如在训练运动员的过程中，如果教练员能够适时地对运动员所取得的训练成绩加以肯定，很多时候就可以促使运动员完成他一直无法完成的某一高难度动作或姿势。又比如，当演员在台上尽情表演时，如果观众报以热烈的掌声来为其加油，充分表达自己的赞美之情，演员就会更加努力地表演，其表演也会更加精彩。

从某种程度上来说，人是渴望被赞美的动物。因此，在与他人交谈时，我们要注意满足他人的这种渴望，多赞美他人。赞美是对人们精神的激励和心理的疏导，能为其展示光明的前途，调动其工作热情并为其树立信心。赞美又是世界上最廉价的"礼物"，它几乎不需要什么投资，却会大有收获，"美好的语言胜过礼物"，"赞美的歌儿甜在心间"，这是文学家和美学家的深刻体验。

赞美的力量是巨大而神奇的。社会心理学家认为，受人赞美、被人尊重能使人感到生活的动力和做人的价值。美国心理学家杰斯·雷耳曾说："称赞对温暖人类的灵魂而言，就像阳光一样，没有它，我们就无法成长开花。"有时候仅仅一句赞美的话或者一个赞许的目光，就会对他人产生巨大的精神鼓舞；特别是对一个遭受人生挫折的人来说，别人的赞美就像一把火炬，很有可能改变其一生的命运。

卡内基小时候是一个公认的非常淘气的坏男孩。在他9岁的时候，父亲把继母娶进家门。当时他们居住在弗吉尼亚州乡下的贫苦人家，而继母则来自条件较好的家庭。他父亲一边向她介绍卡内基，一边说："亲爱的，希望你注意这个本地最坏的男孩，他可让我头疼死了，说不定他会在明天早晨以前拿石头扔你，或者做出别的坏事，总之让你防不胜防。"出乎卡内基意料的是，继母微笑着走到他面前，托起他的头看看他，接着又看看丈夫，说："你错了，他不是全县最坏的男孩，而是最聪明的但还没有找到发挥他的聪明才智的方式的男孩。"继母的话说得卡内基心里暖乎乎的，因为在继母到来之前，没有一个人称赞过他聪明，他的眼泪几乎滚落下来。从此以后，他和继母开始建立友谊，而这也成为激励他的一种动力，使他日后创造了成功的28项黄金法则，帮助千千万万的普通人走上了成功和致富的光明大道。

美国一位心理学家在他的著作中曾写过这样一句话："如果孩子生活在鼓励中，他便学会自信。"赞美本身就是一种鼓励和肯定，如果人们生活在他人的赞美和肯定中，就会变得自信起来。正如丘吉尔所说："你想要人家有什么样的优点，你就怎样去赞美他吧！"赞美往往会激发听者的自豪和骄傲，使其了解自己的优点，认识自身的价值，从而和谐人际关系，创造美好的心境。

一个女孩是独生女，从小受到父母的娇宠，对于做饭、做家务一类的活儿一窍不通。所以，在她出嫁的时候，父母不免为此担忧，而深爱女孩的男孩却承诺永远不让女孩做家务。女孩很爱丈夫，当然愿意为他做一切，除了学着做家务外，她还试着下厨房做饭。当女孩在厨房里忙得晕头转向，好半天才做出了几样要颜色没颜色、要滋味没滋味的饭菜时，丈夫却吃得津津有味，连声说好，并告诉她，如果再改变一下，就会更好。曾经对做饭一窍不通的女孩，在丈夫的肯定和赞美声中信心大增，经过不断的改进，她的厨艺真的已达到令人赞叹的地步了。

赞美就像生活中的盐，没有它，所有的事情都没了味道。要想生活得有滋有味，就不要吝啬你的赞美。赞美是双向的，赞美别人，实际上也是赞美自己。而赞美是否恰到好处，取决于一个人的知识修养和阅历是否丰富。诗书满腹的人不一定都是赞美的高手。赞美是语言技巧和心理揣摩的完美融合。一句话能把人说笑，也可以把人说跳。如果是后者，给对方以微笑比不合时宜的赞美要好得多。赞美的方法多种多样，或者真挚热情，或者含蓄委婉，或者自然流露，或者顺应语势，或者具体确切，或者发自肺腑——应根据不同人的身份、年龄和层次，运用不同的赞美方法。但原则只有一个：恰如其分，恰到好处。

（1）不要一味吹捧。

不是出于真心，只是为了取得对方的好感，就一味地迎合奉承，不但会降低对方对你的尊重程度，而且容易引起对方的反感。

（2）赞美不要太俗气。

赞美要有独特性，如果一概笼统地见到男士就称潇洒干练，见到女士就夸年轻美丽，这样的赞美毫无出彩之处，往往不会引起对方的自我满足感，还不如不要。

（3）过分夸大没好处。

赞美一定要把握好度，如果把握不好，所言与事实严重不符，结果会适得其反。比如一个人个头儿比较矮，你偏偏夸他高大威猛，不但达不到赞美的效果，反而会让对方认为你是在讥讽他。

（4）不要"捧"得过高。

赞美要适可而止，赞美过度，一则容易让对方感到你是在有意为之，二则若将对方"捧"得过高，会增加对方的自大心理，使之感到飘飘然，反而会降低对方对你的重视程度。

（5）虚假的赞美惹人烦。

赞美要发自内心，要自然而然地表露出来，不要生硬做作。如果实在没有可以说的话题，不如不说，否则会自寻烦恼。

总之，赞美对方时最重要的就是把握分寸，你对他人的赞美应该是自然、不露痕迹的，这样你的赞美才能发挥最好的作用。

超限效应：说话要适可而止

有一次，美国著名幽默作家马克·吐温在教堂听牧师演讲。最初，他觉得牧师讲得很好，听了使人感动，准备捐款。过了10分钟，牧师还没有讲完，他有些不耐烦了，决定只捐一些零钱。又过了10分钟，牧师还没有讲完，于是他决定1分钱也不捐。等到牧师终于结束了冗长的演讲，开始募捐时，马克·吐温由于气愤，不仅未捐钱，还从盘子里偷了2元钱。

心理学上，这种因刺激过多、过强和过久而引起的不耐烦或反抗的心理现象，被称为"超限效应"。这种"超限效应"并不只在冗长的演讲、沉闷的工作报告中才出现，在日常生活中也时常存在。比如，当孩子由于不用心而没考好时，父母会一次、两次、三次，甚至四次、五次重复对这一件事作同样的批评，使孩子从内疚不安到不耐烦，最后到反感和讨厌，甚至还会出现"我偏要这样"的反抗心理和行为。当丈夫不注意生活细节，如不做家务，忘记了某个重要的日子时，妻子会一次又一次地唠叨，希望通过不停的"敲打"令丈夫改正过来。当丈夫被妻子"天罗地网"式的唠叨包围得透不过气来时，就会非常反感，甚至恨不得拿一块胶布把妻子的嘴封上。销售人员过分的热情、夸大其词的宣传、强迫式的导购，也会让顾客感到不愉快，最后反而导致顾客不会购买其产品。

可见，不论在什么时候、什么场合，也不管对象是谁，对人说话都要把握好度，做到适可而止，否则就会引起他人强烈的不满。

（1）戏谑要有度。

戏谑是人与人交流中不可缺少的一部分。在紧张的工作或学习之余，互相开个玩笑，可以调节紧张的工作或学习气氛。会开玩笑的人，往往都是值得信赖的人，因为他们做事有度。而有些人却不太会开玩笑，以至于伤了彼此间的和气。

比如，拿好友或大家都熟悉的人开玩笑是人们常用的方式，可有些人往往抓着朋友的"小辫子"不放，肆无忌惮地泄露出他曾告诉过自己的秘密，这样做是十分不可取的。

（2）批评也要点到为止。

俗话说："批评的话最好不超过四句。"会做工作的人，在对人进行批评教育时，总是三言两语、见好就收，不忘给对方留下一定的余地。然而，有些人就不是这样，他们总是不肯善罢甘休，非要将对方批评得体无完肤不可，结果往往是过犹不及，将事情推到了反面。

某公司一位优秀的员工经常迟到。一天，上司严厉地对他说："你到底还要迟到多少次？公司并不是只有你一个人，想什么时候来就什么时候来，你的这种行为根本就是无视公司的规定，你该好好反省反省了！"

这一番话严重地打击了这位员工的自尊心，自此以后，他不但变本加厉地迟到，连工作也不好好做了。不久之后，他便从该公司辞职，去了对手的公司。

事实上，如果上司批评时能够坚持点到为止的原则，说："我想你肯定也知道迟到是不对的，如果你能坚持这样正确的看法，相信很快你就能发现员工准时上班的乐趣。"这样的说法，既照顾了对方的面子，也提醒了对方问题的所在，可以使员工更愿意接受，自然不会出现后来的事情。

所以，如果对方犯的不是原则性错误，或不是正在犯错误的现场，就没必要声色俱厉地批评，否则只会激起对方的反抗意识。相反，用温和的语言指出问题，点到为止，往往可以收到更好的效果。

大致来看，"超限效应"一般都是在不自知的情况下发生的，等你意识到这种后果时，往往已经到了无法挽回的地步，尤其是在教育、推销等行业中。要避免"超限效应"所带来的尴尬和遗憾，就要在日常言谈中注意方式和方法，注意"度"的把握，不以自我为中心，并学会换位思考。

名片效应：谈话时要引起对方共鸣

有一位求职青年，应聘了好几家单位都被拒之门外，感到十分沮丧。最后，他又抱着一线希望到一家公司应聘。在此之前，他先打听了该公司老总的人生经历。通过了解，他发现这家公司的老总以前也有与自己相似的经历。于是他如获珍宝，在应聘时就与老总畅谈自己的求职经历，以及自己怀才不遇的愤慨。果然，这一席话博得了老总的赏识和同情，最终他被录用为业务经理。

这就是所谓的名片效应。

人们在与陌生人进行交谈时，一般都是从礼貌的寒暄开始，但有时候因为彼此都不熟悉，使得谈话难以继续。如果在寒暄时能够插入一些个人话题就能引起对方的共鸣，使谈话继续下去。

美国恐怖大师希区柯克在他的名作《陌生的乘客》里写了一位急于杀人的男人，他想找一名帮手来达到目的。在列车上，他想打身旁这个陌生人的主意。为了使对方说话，他就一面寒暄，一面有意无意地插入能吸引对方的话题。结果，对方在毫无防备的情况下就被诱入了心理战术的圈套，说出自己也正想杀一个人。于是，两人制订了一项谋杀计划。

姑且脱离故事本身，单从心理学的角度来看，两个原来不认识的陌生人之所以能坦诚说出自己的心意，关键就在于其中一个人在交谈中所提到的事能够引起对方的兴趣，从而很快地缩小了双方的心理距离。

当我们与陌生人初次见面时，如果问及下面的话，"你是哪里人""你在哪个单位工作""你从哪个学校毕业"等，这就很容易寻找到自己与对方交谈的共同点，从而引起对方的共鸣。比如，当你知道了对方的原籍后，就可以说："那个地方我曾经去过。"这样一来，对方马上就可能产生一种亲切感，与你在心理上的距离也会随之缩短，进而愿意同你接近，并建立起良好的关系。我们自己也常常能够体会到，当对方和自己是同乡或是校友，即使是初次见面，也会感到一见如故，并能轻松、愉快地与之交谈。

谈话时，如果我们以对方身边的第三者为话题，那么，谈话也会更顺利。

从事推销工作的孟先生，每当与人交谈不妥时，他就会巧妙地将话题转向对方的家庭或孩子等方面。有一次，他接待了一位表情严肃、不苟言笑的客户。孟先生说："孩子现在读小学五年级吧？"听到这句话，那位客户严肃的表情立刻变得和蔼起来。他笑着回答："你知道得很清楚呀，小家伙可调皮了。"

孟先生就是将与那位客户有着血肉之亲的孩子作为话题，成功地完成了在洽谈之前的情感交流。

此外，我们在与人交谈时，如果先表明自己与对方的态度和价值观相同，就会使对方感觉到你与他有更多的相似性，也会增强他与你交谈的兴趣。当你有意识、有目的地向对方表明自己的态度和观点时，就如同名片一样把自己介绍给对方。

恰当地使用"心理名片"，可以尽快促成人际关系的建立，但要使"心理名片"起到应有的作用，首先，要善于捕捉对方的信息，把握对方真实的态度，寻找其积极的、你可以接受的观点，"制作"一张有效的"心理名片"；其次，要寻找时机，恰到好处地向对方"出示"你的"心理名片"，这样，你就可以达到目标。掌握"心理名片"的应用艺术，对于处理人际关系具有很大的实用价值。

"言逢知己千句少"，与人交谈时，只有懂得捕捉谈话时机，把握谈话"火候"，才能引起对方的共鸣，给交际架起牢固的"桥梁"。所谓"话不投机半句多"，如果不懂得捕捉对方感兴趣的话题，交谈将陷入冷场。那么，与人交谈时，如何才能把话说到别人心坎上去呢？

首先，要根据别人的兴趣爱好说话。人们因职业、个性、阅历及文化素养等方面的不同，兴趣和爱好也有所不同，而且有些人的兴趣、爱好还会因时因地而有所变化。比如，有的人年轻时对垂钓感兴趣，而到了晚年，却爱好养花种草。若知道你的交际对象对某方面感兴趣，你与之交谈时不妨先谈些与其兴趣有关的话题，这样对方就容易向你打开话匣子。

其次，要根据别人的性格特点说话。平时，我们面对的交际对象性格迥异，有的生性内向，不仅自己说话比较讲究方式方法，而且也很希望别人说话时有分寸、讲礼貌，因此，与这样的交际对象交谈时，要注意说话方式，尽可能对其表现得尊重和谦恭一些。当然，也有的交际对象性格比较急躁、直率，讲话犹如拉风箱般直来直去，与这样的交际对象交谈时，要开门见山，不要兜圈子，同时，也不要太计较对方的说话方式。

再次，要根据别人的潜在心理说话。话要说到别人的心坎上，就要注意揣摩交际对象的心理。如果你说的话与对方的心理相吻合，对方就乐于接受；反之，你说的话就会使对方产生排斥心理。

最后，要根据别人的不同身份说话。我们在生活中要与不同身份的人说话，因此，针对不同的身份，所选话题也应有所不同，即要选择与其身份、职业相近的话题。比如，你在旅途中遇到了一位老农，如果你把话题引向现代女性的美容上去，就是"牛头不对马嘴"了。倘若你说："大叔，今年的收成咋样啊？每亩地的玉米能收多少？"这样，就能激起老农与你谈话的共鸣点和兴奋点。

此外，对于别人的隐私、伤感事、尴尬事，我们也要注意，要避免提及，以免引起对方的排斥心理。

南风效应：温和的言语让人敞开心扉

法国作家拉·封丹曾写过一则寓言，讲的是北风和南风比威力，看谁能把行人身上的大衣脱掉。北风首先来一个冷风凛凛，寒冷刺骨，结果行人为了抵御北风的侵袭，便把大衣裹得紧紧的。南风则徐徐吹动，顿时风和日丽，行人因为觉得很暖和，所以开始解开纽扣，继而脱掉大衣。结果很明显，南风获得了胜利。

这就是"南风效应"这一社会心理学概念的出处。

在生活中，不论是说话还是办事，人们运用不同的方式就会有不同的结果。正如北风和南风一样，都要使行人脱掉大衣，但由于方法不一样，结果就会大相径庭。

分管政教工作的周校长冲着刚走进校门的李老师喊道："李老

师，今天你们班有个孩子在操场上乱扔纸屑，被校长抓住了。"本来心情不错的李老师被这声喊叫弄得心情糟透了，辛苦一个星期争取的流动红旗又得不到了。李老师此时觉得带一年级的学生可真是太不容易了！小家伙们太不听话了，天天讲，天天念，他们依然如故。

于是，李老师心里想着一定要好好教训这些小家伙。她快步走进教室，阴沉着脸，还没开腔，这些小家伙感觉到可能出事了，刚才还唧唧喳喳地嬉闹不停，看见老师就立刻小心翼翼地端坐在自己的座位上了。

李老师努力控制着自己的情绪："今天是谁在操场上丢纸了？"虽然没发火，但她的语气还是让孩子们一个个吓红了小脸，都小声地说："不是我！""不是我！"看着他们惊恐的脸庞，李老师还是难消心底的气，"到底是谁为我们的班级抹黑了？同学们努力了一个星期就因为你丢了纸屑，红旗就流走了！到底是谁？乱丢乱扔本来就不对，再加上不诚实，就更不能原谅了！"犯错了还不承认，李老师的语气无形中又平添了几分威严，声音也不知提高了多少分贝。孩子们你望望我，我望望你，仍然没有一个学生承认自己是扔纸的人。李老师一时也没有了主意，并怀疑校长是否弄错了。

下午，班会课的时候，周校长来到一年级的教室，专门就早晨的事向李老师询问结果，李老师便对他说："周校长，你肯定弄错了！我查了半天也没有人承认。"周校长说："让我来问问。""行啊！"只见周校长和颜悦色地走到孩子们中间："同学们，今天早上你们中间有一个人在操场上丢了纸，抓到他的人不是我，但是我知道他就在你们中间。小孩子犯错误没有关系，只要能勇敢地承认错误、改正错误就是好孩子。如果你能勇敢地站起来，我就不扣你们班的分，你们班仍然能得到流动红旗。"周校长的话说完了，教室里一片寂静,孩子们好像不相信犯了错误不会受到惩罚。没多久,一个低低的声音突然从教室的角落里传来:"是我……"一个非常聪明可爱的小男孩终于站起来承认了。此时,周校长走到他身边,摸着他的头说:"你真是个勇敢的小男子汉!我相信你一定不会再乱丢乱扔了。"

以后,这个小男孩果然不再乱丢乱扔了,不仅如此,他还经常弯腰拾起地上的纸屑,对别人的不正确行为也会进行监督。

严厉的话语差点儿就让一个小男孩走上了不诚实的道路,而温和的话语和鼓励则让他勇敢地承认了自己的错误,并努力去做一个好孩子。可见,说话时的语气和态度是非常重要的。

在教育孩子的工作中,许多老师、家长面对孩子的错误,往往摆出一副"北风怒吼"的样子,并对孩子进行训斥、责备、嘲讽,结果有的孩子害怕了,畏缩不前;有的孩子或明或暗地表示抗议,使相互之间的矛盾逐渐激化。这时候,如果我们能够先避开问题的实质,通过平和融洽的对话,了解事实情况,让"温和的南风"徐徐地吹倒孩子心中自我保护的"堤坝",然后进行巧妙的点拨,那么孩子自然会向我们敞开心扉,并愿意接受我们的教育。

其实,不仅是老师和家长,对孩子采取温和的说话方式会让孩子敞开心扉,就是在我们与周围人的日常交往中,也是如此。俗话说:"良言一句三冬暖,恶语伤人六月寒。"当我们以尊重、温和、友好的方式和人交谈时,对方就会在不知不知中向我们靠近,并愿意敞开心扉,与我们进行亲切的交谈。如果我们以一种居高临下的姿态跟人说话,甚至言辞不恭或太犀利的话,对方就会对我们垒起一堵"心墙",让我们无法靠近。

"南风效应"给我们的启示就是：在与人交谈时，要特别注意讲究方法，要丢掉"北风"式的话语，而多采用"南风"式的话语，这样才能建立良好的人际关系，才能使事情取得良好的结局，我们的目标才能不偏离方向。

禁果效应：吊胃口引起他人注意

"禁果"一词来源于《圣经》，它讲的是夏娃被神秘的智慧树上的禁果所吸引，去偷吃禁果，而被贬到人间。这种禁果所引起的逆反心理现象称为"禁果效应"。它与人们的好奇心和逆反心理有关。

生活中我们也常常会遇到这样的情况：你越想把一些事情或信息隐瞒住不让他人知道，就越会引来他人更大的兴趣和更多的关注，人们对你隐瞒的东西充满好奇和窥探的欲望，甚至千方百计通过别的渠道试图获得这些东西。

我国古代历代的统治者，经常把他们认为是"诲淫诲盗"的书列入"禁书"之列，如《金瓶梅》就是以"禁书"而闻名。西方文化史上，萨德、王尔德、劳伦斯等人的著作也都"享受"过被禁的"待遇"。被禁并没有使这些书销声匿迹，相反却让更多的人因此知道了它们。

从心理学的角度看，这种"禁果效应"存在的依据在于，无法知晓的"神秘"的事物，比能接触到的事物对人们有更大的诱惑力，也更能促进和强化人们渴望接近和了解的需求。当我们与别人说话时，有时候为了吸引别人的注意，也常常利用这种"禁果效应"，其实是想让别人知道的事，却故意遮遮掩掩，以此引起别人强烈的好奇心。这种情形，我们通常称为"吊胃口""卖关子"。因为受传者对信息的完整传达有一种期待心理，一旦信息的关键部分在受传者心里形成了接受空白，这种空白就会对被遮掩的信息产生强烈的召唤。这种"期待——召唤"结构就是"禁果效应"存在的心理基础。特别在涉及公众切身利益的问题上，人们感兴趣的往往不是确定的事实，而是不确定的、难以知晓的事情，在无法知晓和渴望知晓的"搏杀"过程中，公众会因为好奇心理而像饕餮一样渴望获得信息。

东晋晋元帝的儿子司马绍，很小的时候便聪颖异常。有一天，晋元帝和一位从长安来的大臣逗他玩，问他："太阳和长安谁离我们近些？"司马绍答道："长安近。因为有人从长安来，而没有人从太阳来。"第二天，晋元帝大宴群臣时，又问及这个问题，哪知司马绍却说太阳近。晋元帝很失望，责问道："你昨天还说有人从长安来当然是长安近，今天怎么就忘了？"晋元帝满以为小司马绍会有惊人之语，可司马绍沉默了一会儿才继续讲："一抬头便可看见太阳，却看不到长安，当然是太阳近了。"听众从司马绍这里获得的是一个意外的结果，因而也就会对此印象深刻。

这就是运用"禁果效应"唤起别人对未知事物的强烈召唤，即吊胃口。在运用"禁果效应"的过程中，你就可以牢牢地抓住听众的心，让听众被你的讲话所吸引。不论在与人谈话时，还是在演讲中，如果你的谈话始终都是别人关注的焦点，这样你就能成功实现自己谈话的目的。

"禁果效应"除了能引起人们的好奇外，还有一种效果就是极易引起人们的逆反心理。在谈话中，如果能运用好"禁果效应"所引起的逆反心理，那么就能轻而易举地达到自己的目的。

明朝时，四川有个名叫杨升庵的人，他曾中过状元。皇帝因他讽刺自己，要把他充军到很远的地方。

杨升庵想："充军还是离家乡远一点好。"他就求皇帝说："皇上要把我充军，我也没什么好说的。不过，我有个请求。"

"什么请求？"

"任去口外三千里，不去云南碧鸡关（今昆明）。"

"为什么？"

"皇上不知，碧鸡关，蚊子有四两，跳蚤有半斤！切莫将我充军到碧鸡关！"

皇帝心想："哼，你怕到碧鸡关，我偏要叫你去！"于是下令：杨升庵立即充军云南！

杨升庵此时就是运用了皇上偏不让他如愿的逆反心理，从而成功地实现了自己的愿望。下面这则故事同样说明了这个道理。

一个小女孩学了一年的电子琴，觉得没有什么意思，想放弃了。这个时候，聪明的妈妈买回了一架高级的电子琴，放在自己的卧室，不许女儿碰它。小女孩急了，说道："妈妈，电子琴不是给我的吗？为什么不让我碰？"妈妈故意激她："反正你也学不会，碰它干吗？""谁说的？"小女孩叫了起来，"我一定会学会的。"以后，每当妈妈不在家的时候，她就悄悄地偷着弹。

可见，如果"禁果效应"在谈话中运用得好，就能为我所用，帮助我们解决许多通过正面途径难以解决的事情。

门槛效应：小要求容易被人接受

美国社会心理学家弗里德曼与弗雷瑟曾做过一个实验。他们让助手到两个居民区劝说人们在房前竖一块写有"小心驾驶"的大标语牌。他们在第一个居民区直接向人们提出了这个请求，结果遭到很多居民的拒绝，接受者仅为被请求者的17%。而在第二个居民区，实验者先请求众居民在一份赞成安全行驶的请愿书上签字，这是很容易做到的小小请求，几乎所有的被请求者都照办了。他们在几周后再向这些居民提出竖牌的有关请求时，这次的接受者竟占被请求者的55%。

为什么同样都是竖牌的请求，却产生了如此截然不同的结果呢？

研究者认为，人们拒绝难以做到的或违反个人意愿的请求是很自然的，但一个人若是对于某种小请求找不到拒绝的理由，就会增加同意这种请求的倾向；而当他卷入了这项活动的一小部分以后，便会产生自己以行动来符合请求内容的各种知觉或态度。这时，如果他拒绝后来的更大的请求，自己就会出现认知上的不协调，而恢复协调的内部压力会使他继续干下去或提供更多的帮助，并保持原有的、积极主动的态度。

如果一个人接受了他人的微不足道的一个请求，为了避免认知上的不协调或是想给他人留下前后一致的印象，就极有可能接受其更大的请求。在心理学中，这种现象被称为"门槛效应"。

著名的《伊索寓言》里有这么一个故事。

在一个风雨交加的夜里，一个乞丐缩在墙角下直发抖，他的衣服被淋得湿透了，加上已经好几天没有讨到食物，此时的他又冷又饿。他想要是继续这样下去的话，今天晚上自己不被冻死也会被饿死。于是，他来到一个贵族的豪宅前，对看门的仆人说："能不能让我借用你们的火炉烤干衣服呢？"善良的仆人以为这不需要耗费什么，就让他进去了。然后，这个乞丐又向仆人请求道："能不能借给我一个锅，让我煮点'石头汤'喝呢？"

仆人很惊讶："我倒想看你怎样用石头熬成汤。"于是她就答应了。乞丐到路上捡了几块石头，洗净后放在锅里煮。乞丐说："总得放点盐吧。"仆人就给了他一些盐。

过了一会儿，乞丐又说："石头快煮到火候了，现在要是加上一些洋葱，味道就更好了。"仆人就给了他一些洋葱。

就这样，按照乞丐的指点，仆人又往石头汤里放了番茄、胡椒、奶油和牛肉。最后，乞丐把石头捞出来，邀请仆人分享了一锅热气腾腾的肉汤。

这个乞丐所运用的就是"门槛效应"，他在请求别人的帮助时，先提出较小的请求，等别人同意后再逐渐增加其他请求，这样就很容易达到自己的目的。

试想一下，如果这个乞丐一开始就对仆人说："行行好吧！请让我取取暖并给我一锅肉汤吧！"那么，他很可能会一无所获。

心理学家查尔迪尼在替慈善机构募捐时，也曾运用这一效应，仅仅是附加了一句话——"哪怕一分钱也好"，结果就多募捐到一倍的钱物。在现实生活中,这种效应也同样存在。当你去商场买衣服时,精明的售货员为打消你的顾虑,"慷慨"地让你试一试。当你把衣服穿在身上时,她会称赞你穿上这件衣服很合适,并周到地为你服务。在这种情况下,当她劝你买下时,你就难以拒绝了。

"门槛效应"启示我们:在与人交谈时,我们要善于揣摩别人的心思,从别人易于接受的小请求开始,这样才能轻而易举地达到我们想要达到的目的。

戴尔·卡内基曾说过这样一个故事。

在费城的大街上,常踯躅着一个失业的英国青年,不论是清晨或者夜晚,他总是很惹人注目,据他自己说是想找一个职务。有一天,他突然闯进了该城著名巨贾鲍尔·吉勒斯先生的写字间,请求他牺牲一分钟的时间接见自己,听自己讲一两句话。这位陌生的怪客,真使吉勒斯先生感到惊奇,因为他的外表太剌目了,衣服已经破旧,身上表现出一种极度穷困的窘态,但精神倒是非常饱满。也许是好奇,或者是怜悯,又或者是因为毕竟他要求的只是一分钟,只需听他讲一两句话,因此,吉勒斯先生答应与他谈一谈。可是说了一个多小时,谈话还没有停止。结果,吉勒斯先生立刻打电话给狄诺公司的费城经理泰勒先生,这位著名金融家泰勒,邀请陌生怪客共进午餐,并最终给予了他一个极优越的职务!

对于多数人来讲,与其让对方纠缠半天,还不如就答应了这一分钟的请求,那位失业的英国青年就是抓住了人们的这一心理特点,从而达到了自己的目的。同样的道理,在生活中,当我们想要与别人进行深入的交谈时,就可以使用这种"门槛效应",以便拥有展现自己的机会，实现下一步的目标。

出丑效应：完美中带点小缺憾的人更受欢迎

一个精明人不经意地犯点小错，不仅是瑕不掩瑜，反而更使人觉得他具有和别人一样会犯错的缺点，而这反而会成为他的优点，让人更加喜爱他。这就是"出丑效应"。

口才中的"出丑效应"，是指才能平庸者固然不会受人倾慕，而说话全然无缺点的人，也未必讨人喜欢。而最讨人喜欢的人往往是说话精明而带有小缺点的人，此种现象亦称为"仰八脚效应"。

一位著名的心理学家曾做过这样一个试验，他把四段情节类似的访谈录像分别放给他要测试的对象：第一段录像中接受主持人访谈的是个非常优秀的成功人士，他在自己所从事的领域里面取得了辉煌的成就，在接受主持人采访时，他的态度非常自然，谈吐不俗，表现得非常有自信，没有一点羞涩的表情，他的精彩表现，不时地赢得台下观众的阵阵掌声；第二段录像中接受主持人访谈的也是个非常优秀的成功人士，不过他在台上的表现略有些羞涩，在主持人向观众介绍他所取得的成就时，他表现得非常紧张，竟把桌上的咖啡杯碰倒了，咖啡还将主持人的裤子淋湿了；第三段录像中接受主持人访谈的是个非常普通的人，他不像上面两位成功人士那样有着不俗的成绩，在整个采访过程中，他虽然不太紧张，但也没有什么吸引人的发言，一点也不出众；第四段录像中接受主持人访谈的也是个很普通的人，在采访的过程中，他表现得非常紧张，和第二段录像中一样，他也把身边的咖啡杯弄倒了，淋湿了主持人的裤子。当教授向他的测试对象放完这四段录像后，让他们从上面这四个人中选出一位他们最喜欢的，选出一位他们最不喜欢的。

想知道测试的结果吗？最不受测试者们喜欢的当然是第四段录像中的那位先生了，几乎所有的被测试者都选择了他。可奇怪的是，测试者们最喜欢的不是第一段录像中的那位成功人士，而是第二段录像中打翻了咖啡杯的那位成功人士，有95%的测试者选择了他。

所以说人们还是更喜欢优秀、真诚、值得信任的人，如果一位一直拥有优秀口才的人物当众犯了一点小错误，想想如果你是他的朋友，你会因为这个小失误而对他的印象大打折扣吗？当然这一切发生的首要条件就是这个人本身拥有非常卓越的口才，他留给别人的印象是极善言谈且几近于完美，否则就会适得其反。

林肯当选为美国总统，使整个参议院的议员都感到尴尬，因为林肯的父亲是个鞋匠。当时美国参议员大部分出身于名门望族，他们自认为是上流社会优越的人，却从未料到要面对的总统是一个卑微的鞋匠的儿子。

有一次，当林肯正准备演讲的时候，一位态度傲慢的参议员站起来说道："林肯先生，在你开始演讲之前，我希望你记住你是一个鞋匠的儿子。"

所有的参议员都大笑起来，他们为自己虽然不能打败林肯但能羞辱他而万分得意。

出人意料的是，林肯没有立即反驳或者是表现出丝毫的难堪，而是等到大家的笑声停下来时，才提高嗓门说道："这位参议员先生，我非常感激你使我想起我的父亲。他已经过世了，但我一定会永远记住你的忠告，我永远是鞋匠的儿子。我知道我做总统永远无法像我父亲做鞋匠做得那么好。"

林肯说完后，整个参议院立即安静下来。停顿了几秒钟后，林肯接着对那个傲慢的参议员说："就我所知，我父亲以前也为你的家人做过鞋子，如果你的鞋子不合脚，我可以帮你改正，虽然我不是伟大的鞋匠，但我从小就跟父亲学到了做鞋子的艺术。"

紧接着，林肯对所有的参议员说："参议院里的任何人都一样，如果你们穿的哪双鞋是我父亲做的，而它们现在需要修理，我一定尽可能帮忙。但是有一件事是可以确定的，我无法像我父亲那么伟大，他的手艺是无人能比的！"说到这里，林肯流下了热泪。这时，参议院里所有的嘲笑声全部变成赞叹的掌声。

林肯能够从一个鞋匠的儿子一跃成为总统，毫无疑问，其中重要的因素之一就是他能够暴露自己，甚至是暴露自己别人认为很可笑的那一部分。因此，可以这样说，林肯是以他的恰到好处的暴露征服了人心。

可见，一个拥有好口才的人，并非一定要随时字字珠玑，掷地有声，偶尔犯个言语上的小错误，出丑卖乖一次，反而会让你显得更可爱，也更能吸引人，而周围的人也会更加喜欢和信任你。

在生活和工作中，拥有巧舌如簧的好口才能给我们带来很大的帮助是毋庸置疑的，因此，拥有好口才也是许多人追求的目标。但是"金无足赤，人无完人"，即使是最擅长辞令的人也有出丑的时候。所以，我们没有必要为言语中偶尔的一些小失误而懊恼不已。"出丑效应"告诉我们：一个天生的演说家，如果也有失误的时候，说明他也是个凡人，这些小小的缺憾则会让人们觉得他更亲切可爱，而不是像高不可攀的神明一样让人无法亲近。

拆屋效应：抓住人们喜欢调和、折中的心理

鲁迅先生曾于 1927 年在《无声的中国》一文中写下了这样一段文字："中国人的性情总是喜欢调和、折中的，譬如你说，这屋子太暗，说在这里开一个天窗，大家一定是不允许的，但如果你主张拆掉屋顶，他们就会来调和，愿意开天窗了。"这种先提出很大的要求，接着提出较小的要求的策略，在心理学上被称为"拆屋效应"。

这一现象与"门槛效应"有异曲同工之妙，这一效应在现实生活中也很常见。

有个小孩子想养一只宠物猫，考虑到爸妈可能不同意，便跟爸妈说："我好寂寞，给我生个小弟弟好不好？"于是，他养宠物猫的愿望就实现了。

在现实中，若能适当地运用"拆屋效应"，其愿望一般都能达到。还有这样一个有关"拆屋效应"的例子。

一个孩子犯了错误，在父母的一再责难下离家出走。这下可把父母都急坏了。过了几天，孩子安全地回来后，父母反倒不再过多

地去追究这个孩子之前所犯的错误了。

实际上在这里，离家出走就相当于"拆屋"，是孩子的父母没办法接受的，也是不希望再发生的一种结果。孩子之前所犯的错误就相当于"开天窗"，虽然以前难以接受，但相对于离家出走来说就显得容易接受多了。

为什么会有这种情况出现呢？如果拿两种情况做一下对比，第一种是先提出一个不合理要求，再提出一个相对较小的要求，第二种是直接提出这个较小的要求，然后看哪种要求更容易被接受。实验结果表明，在前一种情况下提出的要求更容易被人们所接受，而直接提出要求反而不容易被接受。通常人们不太愿意连续两次拒绝同一个人，当你拒绝别人提出的第一个无理要求后，你会对被拒绝的人有一种歉疚，所以当他马上提出一个相对较易接受的要求时，你会尽量满足他，而不太愿意连续两次摆出拒绝的姿态，毕竟人们并不想因为自己的行为而让人觉得自己想拒绝这个人。所以，在向别人提出要求时，如果学会运用这种"拆屋效应"，你往往就能达到比较理想的目标。

"拆屋效应"在谈判中也是常用的和有效的技巧，如果你想在谈判中取得自己所预期的效果，那么就要好好运用这种"拆屋效应"。比如你可以在谈判一开始就抛出一个看似无理而令对方难以接受的条件，当然这并不意味着你不想继续谈判下去，而只代表着一种谈判的策略。这是个非常有效的策略，它能让你在谈判一开始就占据比较主动的地位，但记住这只是"拆屋"，如果想让谈判真正有所进展，则不要忘记"开天窗"。所以，如果你估计自己的一个要求别人很难接受时，在此之前你不妨试试提出一个让对方更不可能接受的要求，然后再提出你所预期的要求，最后再跟对方去折中、去调和，或许你就会有意外的收获了。

有一对生意上的朋友，他们合伙做成了一单生意，按照原来的意见，他们是要五五分成的，但其中有一人却想按照四六来分成，自己得六，另一个人得四。显然这个要求是不合理也难以达到的，最后这个人就和他的合伙人谈，说生意结束了，希望对方在分得利益后马上能够还之前他所欠自己的钱。而对方的家里因为要等这笔钱急用，还了钱他就没钱给家里了，这显然是个更让对方头痛的问题。在此时，这个人就适时地提出，如果他们做生意所赚的钱能够按四六分成的话，那么他就考虑延迟对方之前欠款的归还日期。合伙人权衡之后，便答应了按四六来分成。

在这里，还债的要求就是"拆屋"，而四六分成的提议就是"开天窗"了，这个人就是利用"拆屋效应"实现了自己的目的。

你在与人谈话时，要想达到一个难以达到的目标，这时，你就得抓住人们喜欢调和、折中的心理，这样你就会很顺利地实现自己的目标。

在美国的一个犹太人聚集地，一位富翁请一位犹太画家为自己画肖像。犹太画家精心地为富翁画好了肖像，但富翁却拒绝支付议定的 5000 元报酬，理由是："你画的根本不是我。"

不久，画家把这幅肖像公开展览，题名为《贼》。富翁知道后，万分恼怒，打电话向画家抗议。

"这事与你有什么关系？"画家平静地说，"你不是说过了吗？

那幅画画的根本就不是你！"

　　富翁不得不买下这幅画，改名为《慈善家》。

　　当对方不愿意履行承诺的时候，当你的劳动成果就要付诸东流的时候，你要冷静地对待所遇到的事，利用"拆屋效应"找到对方的要害，用最巧妙、最经济的方式迫使对方就范。

第二章

做得好更要说得好

——有话就得好好说

工作中，常有一些这样的人，他们总是埋头于自己的工作，很少通过"说"的方式，来展示自己的才华、畅谈自己的想法。他们在工作中虽然干得无可挑剔，可是很难得到上司的赏识与关注。俗话说，酒香也怕巷子深。如果你光有才华，不会表达，也有可能被默默无闻所掩盖。所以，做得好更要说得好，这样才更容易取得成功。

说得好，让你活得更轻松

美国人早在 20 世纪 40 年代就把"会说话、金钱、原子弹"看作是在世界上生存和发展的三大法宝。20 世纪 60 年代以后，他们又把"会说话、金钱、电脑"看成是最有力的三大法宝。"会说话"一直独占三大法宝之首，足以看出会说话的作用和价值。"人才不一定会说话，但是会说话的人必定是人才。"在如今竞争激烈的职场中，如果一个人拥有"会说话"的能力，通常能收到事半功倍的效果，获得意想不到的成功。

几乎所有的人都知道吸烟有害健康，但是，用不同的方式说出来，表达的效果却是截然不同的。20 世纪初，上海著名的滑稽演员杜宝林曾用自己杰出的说话能力成功地为某烟厂做了一次香烟广告。在一场演出中，他说："抽烟其实是世界上顶坏顶坏的事。可是怎样讲才好呢？花了自己辛辛苦苦挣来的钱去买伤害身体的尼古丁来吸吗？我老婆就由于我特爱抽烟，整天吵个不停，整天闹离婚。因此，奉劝各位千万不要抽烟。"

该烟厂的领导当时正坐在台下，听到这样的话不由得恼怒起来，这不是在砸自己的牌子吗？以后自己还怎么做生意？他正要发火，突然听杜宝林又说道："但是话又说回来，要想彻底戒烟又是一件十分困难的事。我从 16 岁开始学会抽烟，并且还是天天想抽烟，到现在十几年了，烟不但没有戒掉，烟瘾却越来越大了。经过左思右想，最好的办法就是吸尼古丁少的烟。向各位透露一个秘密：目前市场上的烟，要数'某某'尼古丁最少。"杜宝林这种欲扬先抑、以退为进的方法，一下子就抓住了顾客的消费心理，这样一来，自然而然就获得了最佳的效果。烟厂领导听到这里转怒为喜，深深为杜宝林的说话艺术所折服。后来，这个烟厂的香烟也确实一路畅销。

　　良好的语言表达能力也是一个人的财富。如果你有灵活的头脑、绝佳的说话能力，往往会取得意想不到的成功。一个人才如果只会死做事而完全不善言辞，这样是不利于做好本职工作的。

　　人与人之间交流思想、沟通感情的最直接、最方便的途径就是语言。出色的语言表达可以更快地使相互熟识的人之间产生浓厚的情意，爱之更深；使陌生的人之间产生好感，建立友谊；使意见有分歧的人互相理解，消除双方的矛盾；使彼此怨恨的人化干戈为玉帛，从此友好地相处。在各种各样的人际交往中，会说话的人将会非常受欢迎，能轻松地与他人融洽相处，从而在交往中如鱼得水。

　　古希腊寓言大师伊索年轻时曾在某贵族家当过奴仆。有一次，主人设宴，来者多是哲学家，主人令伊索准备最好的酒肴待客，伊索便专门收集各种动物的舌头，办了个舌头宴。就餐时，主人大吃一惊，问道："这是怎么回事？"伊索答道："你吩咐我为这些尊贵的客人准备最好的菜，舌头是引导各种学问的关键，对于这些哲学家来说，舌头宴不是最好的菜吗？"

　　客人听罢，都赞许地笑了。主人又吩咐伊索说："那我明天要再办一次酒席，菜要最坏的。"次日，开席上菜时，依然是舌头。主人见状，大发雷霆，斥问伊索缘由。伊索不慌不忙地回答："一切坏事不都是从嘴里出来的吗？舌头不仅是最好的东西，同时也是最坏的东西！"主人听后，虽然恼怒，但也无话可驳。

会说话是打开成功大门的一把金钥匙，可以带来意想不到的效果。一个会说话的人，可以流利地表达出自己的意图，也能够把道理说得十分清楚、动听，使别人乐意接受。有时候，会说话的人还可以立刻从问答中揣测出对方的意图，从对方的谈话中得到一些启示，了解对方，与对方建立起良好的友谊，因此，他们也往往能够获得更多的机会，并更快地走向成功。但是，有很多不会说话的人，他们说话时不能完全表达出自己的意图，常使对方听起来既费神又无法信服地接受，这样就会给自己带来一些不可避免的麻烦。

李先生在过四十岁生日时，请四位好友到他家庆贺。有三位朋友都到了，但还有一个人迟迟没到。

酒菜都准备齐全了，那个人还没来，李先生着急得脱口而出："真是急死人了，这该来的怎么还不来？"

其中一位朋友听了非常生气，冲他说："你这话是什么意思，该来的没来，意思是我是不该来的，既然如此，那我就先走了。"话音没落，他就抬脚走人了。

李先生见那个人没来，这位朋友又生气地走了，于是急忙向剩下的两位客人解释："我不是那个意思，他误会了，真的误会了，我没有让他走，这不该走的倒又走了。"

剩下的两位客人一听这话，其中一个人就生气地说："你这人怎么这么说话，照你这么讲，该走的应该是我，那我还在这干吗？走人。"说完，他也起身走了。

没想到又气走了一位客人，李先生的心情糟透了，看着剩下的一个人不知所措。

最后剩下的这个人跟他交情较深，就好心好意地劝他说："算了，人都已经走了，以后你说话时要注意用词，讲究语言艺术。"

李先生一脸的无奈，对这位朋友说："其实他们都误会我了，我根本就不是在说他们。"

最后这位朋友一听，马上就变了脸色，大声问道："你说什么？你不是说他们，那就是说我了？真是莫名其妙，我哪里招惹你了？"说完，这位朋友也气呼呼地走了。好好的一次生日聚会却因为李先生不会说话而不欢而散。

会说话，你才能活得更轻松、更顺畅，如果有学问而没有会说话的能力，在和人交谈时，你就会难于应付，同时也会在无形中损失很多应得的收获。

会说话的人颇有一种不可思议的力量，他的说话能力可以影响周围的气氛。而且会说话的人比较容易受到别人的尊敬，而说话能力差的人则容易被人冷落、遗忘。尤其是对于经商者来说，会说话可以使他们宾客盈门，财通三江，誉达四海；而不善言语者，往往会店门罗雀，财路不畅，债台高筑。因此，人们常常将一个人的说话能力与一个人的做事能力联系起来，这足以显示出"会说话"在人生旅程中的重要意义。

会说话可以决定一个人的人生作为。所以，不管什么时候，请记住：会说话是成就你一生的财富。

不求语出惊人，但求有话好说

古时候，有一位国王非常残暴，他不理国事，不见大臣，对百姓实行暴政，经常大开杀戒，那些敢于向他进谏的人也没有一个有好下场。即使如此，他也十分怕有人会在暗中觊觎他的王位，于是他就想了个十分恶毒的计策。有一天，他出人意料地把所有的大臣都召集在一起。更出人意料的是，他居然态度诚恳、面带微笑并和和气气地宣布："诸位，本王治国多年，犯了不少错误。现在，趁这个难得的机会，大家有话直说，提出宝贵的意见和建议。本王一定广纳雅言，尽力改进，让我们的国家日益强盛。请大家有什么话说什么话，多多发言。"

初次受到这样的敬重，大臣们心里颇为忐忑，他们不知道国王的葫芦里卖的是什么药，一个个都战战兢兢的，没人敢开口。

过了很久才有一个人站出来说话，那是国中出了名的敢于直言的人："大王，您经常不顾百姓的死活，还随意将大臣置于死地，长此下去，国中必将大乱，希望您改掉滥杀无辜这个坏毛病。"

国王听了他的话后笑眯眯地抚着胡子，痛快地点了点头。大臣们见状心里的石头才慢慢地落了地。

在朝时间最长的老臣也跟着说："大王，您在上一次人才选拔时太不公平了，任用的都是那些给您送礼物、会逢迎拍马的人。这个毛病一定要改，否则主事的都将是那些心术不正的人，而真正正直的人才没有出头的机会，这样是会后患无穷的。"

老臣刚把话说完，大家便趁热打铁，一个一个争先恐后地向国王大抒己见。刚开始，国王还静静地听着，但后来他的脸色就变得越来越难看，身体也慢慢地颤抖。

此时，一个聪明的大臣一看情势不对，赶紧出来说话了。他毕恭毕敬地说："第一，大王您经常超时工作，太不注意身体了，万一您累坏了身体，就会影响您的领导能力，这对整个国家的繁荣是多么大的损失！"

"第二，大王您事必躬亲，很多工作本来可以交给其他人去做，但是您却不辞辛劳地亲自动手，这会让做臣子的心里很过意不去，请您以后不要再这样任劳任怨了。"

第二天，那些向国王进谏的大臣们的头颅都被挂在了城门上，罪名是：意图谋反，杀无赦。

同时，那个聪明的大臣则获得了提拔，而且由于国王的身体每况愈下，国家大权渐渐落到了他的手中。等他自己执掌了实权之后，他就对国中事务进行了整顿，国中的形势渐渐有了好转。

许多人追求语出惊人，结果却使自己陷于接连不断的麻烦之中。而智者追求有话好说，从而顺利地达到了自己的目的。

周周被朋友们誉为最有魅力的女人，因为不管是谁见到她，都会很喜欢她。周周与人见面的时候经常说两句话。

如果你和她见面，她会很真诚、很惊喜地说："您终于来了！太好了！"对方听到这句话，感觉备受尊重，心中就会十分高兴。

在谈话结束之后，与客人道别的时候，她会将客人送到门外，然后依依不舍地和客人说："您怎么就要走了，我什么时候能再见到您？"这样的话使客人的心里暖暖的，自然也喜欢上了说这话的人。

就人与人相互间沟通的形式而言，99％要靠语言来进行。所以，学会用语言进行交流和沟通至关重要。语言沟通就是把信息准确而令人信服地传达给对方，并争取让对方接受自己的想法。其实，沟通是双向的交流，它的成败不取决于你说了什么，而取决于对方的反应。对方不接受你，那么你说得再多，也没有任何意义。而一个人是否有让人接受自己的力量，这种力量能否表现出来，在很大程度上也取决于他说话的能力的高低。

在现实生活中，若说话的时候注重追求有话好说，则人脉广泛，若毫无顾忌，只图自己嘴巴痛快，一味追求语出惊人，则往往达不到自己的目的。所以，无论在什么时候，我们都要不求语出惊人，但求有话好说。

与陌生人交谈，要善于活跃气氛

很多人都会不自觉地对陌生者产生一种抵触心理，要么是胆怯，要么就是不屑。还有一些人，一见到陌生人就会感到浑身不自在，要么是不好意思交谈，要么就觉得无从谈起。更有甚者，只要一看到别人的外表，就会在第一时间里轻率地按自己的主观判断对别人下结论，从而产生"我不喜欢这个人"的想法。其实，很多事情并不像你所看到的那样，同样，别人也往往没有你所想象的那样威严或者糟糕，而人们在多数时候对陌生人的第一印象都是不正确的。所以，只要敢于突破心理上的障碍，与陌生人交谈也会变得很容易。

和陌生人交谈的时候，气氛非常重要，如果你能够让交谈的氛围活跃起来，交谈往往能够顺利地进行下去。因为人们一般比较喜欢置身于令人愉悦的环境中，而能够制造欢乐气氛的人也因此更受欢迎。下面介绍一下活跃气氛的六大秘诀。

（1）适时地赞美。

要想与陌生人一见如故，在和陌生人见面之前从侧面了解一下对方的情况很重要，尤其是要知道对方的优点或者特长。这样，在见面寒暄之后，就可以抓住机会，把他的才能、成就、天赋、地位、特长等用称赞表达出来，这不仅可以活跃气氛，还可以让对方感到你对他很了解甚至是倾慕，从而赢得对方的好感，可谓一箭双雕。一般而言，这种方式在你把对方推荐给第三者的时候往往会更加有效果。

（2）来点小恶作剧。

恶作剧具有出人意料的效果，它起于幽默，终于欢笑。当和对方交谈到一定时候，利用恰当的时机，善意地、有分寸地来点恶作剧，可以使双方自由自在地嬉戏，享受不受束缚的"自由"和解除规则的"轻松"，使交谈在轻松愉悦的气氛中进行。但凡事过犹不及，即便是善意的恶作剧，在用的时候也要小心，并分清对象，如果对方是一个非常严肃而不苟言笑的人，就不要用这种方式，以免引起对方的反感。

（3）寓庄于谐。

身为生意人，尤其在面对第一次打交道的人时需要庄重从事，但如果自始至终都保持庄重的态度就会使气氛显得压抑，在这种环境下做事的人的效率往往不会很高。所以，在这个时候，如果你能够采取一种寓庄于谐的交谈方式，就会让气氛大为活跃，让彼此在轻松的氛围下进行生意上的交谈，甚至会带给你意想不到的收获。

（4）提出出其不意的问题并巧妙作答。

学会提出引人发笑的荒谬问题并能巧妙应答，有助于良好社交气氛的形成。如果自始至终都一本正经地说话，难免会给人留下古板、乏味的印象。这时你可以不时穿插一些对方意想不到的、貌似荒谬而实则极有意义的问题，并自问自答，这会缓和严肃紧张的气氛。

（5）利用道具，借题发挥。

和初次见面的人交谈，开始的时候陷入尴尬甚至出现冷场都是很有可能的。这时，你随身携带的小道具便可发挥活跃气氛的作用。比如，你可以掏出自己的钥匙，或者一把扇子，借题发挥，引出很多话题，唤起大家交流的兴趣。

（6）适当地贬抑自己。

通常情况下，贬抑都会收到欲扬先抑、欲擒先纵的效果。同时，自我贬抑又可以把尴尬、严肃的气氛活跃起来。那些能够自我贬低、自我解嘲的人往往都是成熟的人，他们能够轻而易举地把交谈氛围活跃起来。

和陌生人交谈的时候，这种适当的自我解嘲非常有效。除此之外，你还可以偶尔故作滑稽，让别人看到你的缺点。这样做不会对你有什么坏处，相反，人们突然观察到这种变化，会有一种特殊的新鲜感。同时，别人还会从中看到你的从容和大度，自然会对你更加钦佩。

此外，在与陌生人初步交往时，你还要用宽容的心去接纳他，对他产生兴趣，并发现他的兴趣、思想和爱好，只有这样，你才能结交更多的朋友。

最后，只有把好心态、好气氛、好技巧结合起来，交谈才能达到理想的状态。所以，在与陌生人交谈的时候，不仅要善于搞活气氛，还要主动运用说话的技巧，把他变成自己的朋友。

以下是一些与陌生人交谈的时候可以采用的说话技巧。

（1）在和陌生人交谈时，要表现出对别人的兴趣。

人们大多有一种认为自己很重要并希望被看重的心理。如果在谈话的时候能够让对方感觉到你对他的事情很关注，那么他就会认为他在你心中已经有了位置，这会极大地满足他的自尊心甚至是虚荣心。因此，他自然会对你产生好感，也就有了和你进一步交谈的欲望。所以，我们在和陌生人打交道的时候，应该给予别人一定的关注，让别人感觉到你对他的兴趣，这样会对你的人际交往有很大的帮助。

但有不少人在初次和别人交往时，都一相情愿地希望别人对自己感兴趣，甚至完全忽略别人，而不会想到要对他人产生兴趣。这种做法只能使别人反感，并给你的人际交往带来障碍。

要使别人对你感兴趣的方法只有一个，那就是你要对别人感兴趣。只有对陌生人感兴趣，你才能做到进一步了解他，才能迅速赢得别人对你的好感和兴趣，这也正是你扩大自己交际圈的有效手段。

（2）要学会在交谈中没话找话。

与陌生人交谈时，最好寻找对方也熟悉的人和事，以此引出话题。当然你也可以巧妙地以别人的某些材料为题，借此引发交谈。比如有人善于借助对方的姓名、籍贯、年龄、服饰、居室等，即兴引出话题，这样常常会收到好的效果。

另外，人们往往比较看重自己的名字，很多成功的交际案例都是从记住对方的名字开始的。所以，当对方做完自我介绍时，你可以在他的名字上表现出你的兴趣。比如，你可以重复他的名字，并夸这个名字很好听，或者说很少有人会有这样的名字，这个名字很有品位等；你也可以问对方名字的写法，以示对他的重视。这样一来，你会迅速赢得对方的好感。

你也可以在交谈时先提一些一般性的问题，以便投石问路，在大略了解对方的情况后，再有目的地交谈，这样便能说得更加自如。需要注意的是，在听对方说话时要集中注意力，且不要随便否定对方的观点。

总之，在与陌生人进行初次交谈的时候，气氛很重要，它是你们之间的交谈继续发展的关键。如果你能适时地活跃一下交谈氛围，相信一定会有一次令人愉快的沟通。

开场白就是打开话匣子的钥匙

在生活中，很多人都有这种感觉：每当与亲朋好友交谈时，往往会谈得轻松自在，口才也好像好了许多。然而一旦碰到陌生人，就会感到不自然，不知道如何打开话匣子。这个时候，只要你能找到一些话题来打破僵局，缓和气氛，就能使交谈双方轻松自如，从而进入融洽的谈话过程。也就是说，要想与他人进行有效的沟通，找到打开话匣子的钥匙是关键。

任何一次有效的沟通都少不了一个开场白。一个好的开场白是人际交往的润滑剂，是保持人们良好沟通的绿色通道。一个合适的开场白总能温暖彼此原本冷漠的心。所以，对于找到打开话匣子的钥匙的技巧不可不知。

（1）明智地选择话题。

若想让对方觉得你有吸引力，最关键的是要选择好话题。当你与一位刚刚认识或不知底细的人交谈时，避免冷场的最佳方法就是不停地变换话题。你可以投石问路，用提问的方式进行"试探"。当你发现一个话题已经谈不下去时，就可以换到另一个话题。如果谈话出现短暂停顿，不要着急，沉默片刻也无妨。谈话是交流，不必像赛跑那样拼命地要冲到终点。

（2）坦白地说出你的感受。

人们总是能够很快与和自己分享秘密的人打成一片，所以，坦白地说出你的感受也是打开话匣子的有效方式。你可能在晚宴上觉得自己太害羞，与这种宴会格格不入。或是刚好相反，你认为虽然许多人都讨厌这种聚会，但是你很喜欢。这时你不妨将你的感受向一个愿意听的人说出来，这个人很可能就是你的知音。你要明白，坦白地说出"我在这里一个人也不认识"或"我不知道该讲些什么"，总比让自己显得拘谨冷漠好得多——最健谈的人就是勇于坦白的人。

小容在一次晚宴上，经朋友介绍跟一个广告设计师相识了。小容也算是某广告公司的知名人物，通常对这类的访问都能应付自如，但当他发现自己这次不知为何如此结结巴巴时，简直大吃一惊。最后小容坦白地说："我不知为什么对您有点害怕。"广告设计师听完后哈哈大笑，随后两人很自然地谈了起来。

（3）谈谈周围环境。

当你找不到合适的话题的时候，谈论周围的环境也是一个不错的选择。有一次，一个陌生人审视周围一圈，然后打破沉默，开口跟身边的人说："在候车站上可以看到人生百态！"这就是一句很好的开场白。

（4）以对方为话题。

人们往往千方百计地想使别人注意自己，因此，以对方作为谈话的开端，是再好不过的引起对方好感的开场白。比如，赞美陌生人一句"你的衣服颜色搭配得真好"，"你的发型很新潮"，都能使他感到快乐，从而缓和严肃的气氛。也许你没有勇气搭讪，不过你可以说："您看的那本书正是我最喜欢的。"或是"我看见您走过那家便利店，我想……"

小宁老实、木讷，总是引不起大家的注意。所以，尽管他工作勤勤恳恳，可在公司里总是原地踏步，几年如一日地待在最初的位置上。

有一次老板出差，要带几个员工一道去。在火车上，小宁的铺位刚好在老板的旁边，两人寒暄了几个问题后，就陷入了沉默。小宁觉得这种大眼瞪小眼的气氛简直让人窒息，他想说点什么打破僵局，可是他从来不和老板打交道，实在不知道从何谈起。突然，小宁瞥见老板脚上穿着一双锃亮的皮鞋，非常显眼，就借机说："老板，你这双鞋子很有品位，在哪里买的？"小宁原本只是没话找话，但老板一听，顿时眼睛放光："这双鞋啊，我在香港买的，世界名牌呢！"老板的话匣子一下子打开了，开始滔滔不绝地讲述自己在服装搭配上的心得，还善意地指出小宁平时在工作中着装的不足，两人言谈甚欢。

下车的时候，老板意味深长地说："小宁啊，看来我以前对你的了解太少了，今后你好好干。"

小宁以皮鞋为话题，迅速拉近了与老板之间的距离。原本小宁只是没话找话，但也正是因为这一句话，小宁和老板之间的僵局马上被打破了，两人的关系也改善了。从老板最后的态度来看，小宁也通过这个机会展示了自己，给老板留下了不错的印象。

（5）提出问题。

谈话的过程就像投球、接球的活动一样，许多难忘的谈话也都是由一个问题开始的。这也是一个人到一个新地方时拓展人脉资源的好办法。

在一个成功企业家交流心得的宴会上，众多成功的企业家无暇出席，而王锐的老板也由于有重要事情要办，便让公司里职位较高的王锐代表自己参加这次宴会。王锐不爱张扬，本打算露露脸就行了，可是来到晚宴之后才发现，全场只有6桌，自己还被拉到主桌，而坐在王锐旁边的就是一个大富翁。当晚，王锐觉得很难熬，可是他只说了一句话，就让那位富翁整晚都滔滔不绝。

王锐只是问："早就听说您公司的大名了，想请教您的生意是怎样成功的？"于是，那位大富翁便滔滔不绝地讲起他从白手起家到今天的奋斗过程。

可见，提问是非常有效的使人打开话匣子的方式。使用这种方式的时候，不必配合不同的环境去找不同的话题，只要你记住"请教"这两个字，就可以马上让对方打开话匣子。

另外，你也可以针对对方下意识的动作来提问，这也不失为一个好的办法。比如，对方只是一味抽烟，当你发现他在熄火柴时有某种习惯的时候，你就可以立刻问他："你熄火柴的动作很有趣，轻轻一弹就熄了。"看到对方在咖啡里加了两勺半的砂糖，你也可以发问："对不起，为什么你非要放两勺半砂糖不可……"通常面对这类问话，人们都会热心回答，甚至就此开始滔滔不绝地讲述。而对较内向、羞怯的人，不妨继续发问，帮助他把话题延续下去。

（6）多多寒暄。

所谓寒暄，就是人们见面时相互打个招呼，以示礼貌和关心。虽说只是短短几句话，它却是交谈的润滑剂，能在两个人的谈话之间架起一座友谊的桥梁。因为寒暄能使人们产生认同心理，从而满足人们的交往要求。因此，寒暄的方式不可不试。

20世纪80年代，意大利著名女记者奥琳埃娜·法拉奇打算到中国对邓小平同志进行一次专访。然而，当时的中国刚刚改革开放，在此之前，中国与西方世界有着长达几十年的冷战，法拉奇非常担心对邓小平的专访能否取得成功。于是，她翻阅了许多有关邓小平的书籍，在看到一本传记时，她注意到邓小平的生日是1904年8月22日。于是，她脑海里有了一些想法。

1980年的8月22日，邓小平同志接受了法拉奇的专访。

一见面，法拉奇就十分谦逊有礼地说道："邓小平先生，首先我谨代表我们意大利人民祝福您，祝您生日快乐！"

"我的生日？我的生日不是明天吗？"或许是因为工作太忙了，邓小平已经忘记自己的生日了。法拉奇这么一说，邓小平自己也搞糊涂了。

法拉奇信心十足地说："不错的，邓小平先生，今天的确是您的生日。我是从您的传记中知道的。"

"噢！既然这样说，就算是吧！我从来不知道什么时候是我的生日。就算明天是我的生日，我也已经76岁了。76岁啊，早就是衰退的年龄了！这也值得祝贺？"

就这样，法拉奇以一个好的开场白，顺利地采访了邓小平同志。

当你掌握了以上技巧后，无论是主动或是被动去打开话匣子都能得心应手。无论你处在哪种场合，都能迅速进入角色，随心所欲地去扩展人脉，为自己在生活与事业上寻求一个又一个绝佳的发展机会。

直说伤人，含蓄是一种魅力

直爽坦率固然是一种真诚的表现，可有时难免遇到不便直说、不忍直说、不能直说的情景。在这种情景下，如果不识时务地直言直语，就很有可能影响到人际关系，既给自己添麻烦，也会伤害到别人。要避免出现这种现象，说话的时候就要讲究技巧，比如巧妙地说些与本意相似或相关的事物，委婉含蓄地表达自己的心意。

委婉含蓄的话语更容易被别人接受，更能表现出对别人的尊重，更能达到沟通交流的目的。

含蓄有时能帮助人们避免尴尬。巧妙地运用委婉含蓄的语言，表面上看起来似乎说得轻描淡写，但关键问题却在对方不知不觉中清晰地阐述出来。丘吉尔说过："英国在许多战役中都是注定要被打败的，除了最后一仗。"这既表明了英国人民的力量和对胜利的执着追求，也表明了委婉含蓄的力量。

《水浒传》里的鲁智深三拳打死镇关西后，为了逃避官家的追捕，只得削发为僧。法师问道："尽形寿，不近色，汝今能持否？"

智深回答:"能。"

法师又问:"尽形寿,不沾酒,汝今能持否?"

智深回答:"能。"

法师再问:"尽形寿,不杀生,汝今能持否?"

智深犹豫了。

法师高声催问:"尽形寿,不杀生,汝今能持否?"

智深回答了一句:"知道了。"

最后,鲁智深顺利落发为僧。

当法师要求鲁智深不近女色、不饮酒的时候,他表示能做到;当要求他不惩杀世间的恶人的时候,见不得世间不平事的鲁智深实在难办到。但若此时回答"不能",剃发为僧的愿望肯定是要落空了,这样他就无处藏身。因此,鲁智深来了一句"知道了",既使自己过了关,又没违背自己的本意,真可谓两全其美。

无论是在生活中,还是在职场上,处处都需要含蓄委婉地交谈。学会含蓄,懂得委婉,你才能轻易地打动他人心理。可以说,委婉含蓄的语言实在妙不可言。

曾经两度竞选总统,但都败在艾森豪威尔手下的史蒂文森从未失去过幽默。在他第一次荣获提名竞选总统时,他承认自己受宠若惊,并打趣地说:"我想得意扬扬不会伤害任何人,也就是说,只要人不吸入这空气的话。"

几年后的一天,史蒂文森应邀到一次餐会上作演讲。他在路上因阅兵行列的经过而耽搁了许多时间,所以到达会场时已迟到了。对此,他表示歉意,并解释说:"军队英雄老是挡我的路。"

　　史蒂文森使用巧妙含蓄的语言，委婉地表达了自己想要说的话，同时也改变了他在人们心目中的形象，使人们感到即使没有当选总统，他依然是个赢家。

　　人们在说话时，常常使用委婉含蓄的语言表达自己的意思，比如，有人谈及某人相貌丑陋时，不会直接说"长得丑"，而是说"长得困难点""长得有些对不起观众"；谈到某人对一个人、一件事有不满情绪时，就说他对此人、此事有点"感冒"等。

　　委婉含蓄的表达方法，大致有下面几种。

　　①仔细研究事物之间的内在联系，利用同义词语来表达自己的思想，达到委婉含蓄的效果。

　　②由外延边界不清或在内涵上极其笼统概括的语言来表达自己的思想，达到含蓄的效果。

　　③利用多种修辞方式，如比喻、借代、双关、暗示等，来达到含蓄的效果。

　　④有些事情不需直接点明，只需指出一个较大的范围或方向，让听者根据提示去深入思考，寻求答案，可达到含蓄的效果。

　　⑤通过侧面回答对方的一些问题，来达到含蓄的效果。

　　⑥采用商量的口气谈话。即把你自己考虑成熟的意见或建议用商量的口吻向对方诉说。比如，"您看这样是不是会更好一些"，"我说的不一定全对，我想听听您的看法"。

　　在使用委婉含蓄的语言时也要注意，委婉含蓄并不等于晦涩难懂。它的表现技巧首先要建立在让人听懂的基础上，同时要注意使用范围。如果说话晦涩难懂，便失去了沟通交流的意义；如果在使用委婉含蓄的话时不分场合，也可能造成不良的后果。

一言敌千金，会干还要会说

一位教徒问神父："我可以在祈祷时抽烟吗？"他的请求遭到神父的严厉斥责。而另一位教徒问神父："我可以在吸烟时祈祷吗？"后一位教徒的请求却得到了允许，于是，他悠闲地抽起了烟。

说话是一种技巧，会说话的人往往能很快地与素不相识的人携起手来一起做事；能排解纠纷，消除人与人之间的隔阂，使自己在人际交往中游刃有余，而不至于陷入矛盾中难以自拔；能于利益纠纷中获得自己应得的那一部分。总之，会干更会说的人能轻轻松松地达到自己的目的。

理发师傅带了个徒弟。徒弟学艺三个月后正式上岗，他给第一位顾客理完发，顾客照照镜子说："头发留得太长。"徒弟不语。

师傅在一旁笑着解释："头发长，使您显得含蓄，这叫藏而不露，很符合您的身份。"顾客听罢，高兴而去。

徒弟给第二位顾客理完发，顾客照照镜子说："头发剪得太短。"徒弟无语。

师傅笑着解释："头发短，使您显得精神、朴实、厚道，让人感到亲切。"顾客听罢，欣喜而去。

徒弟给第三位顾客理完发，顾客一边交钱一边笑道："花时间挺长的。"徒弟无言。

师傅笑着解释："为'首脑'多花点时间很有必要，您没听说

'进门苍头秀士，出门白面书生'？"顾客听罢，大笑而去。

徒弟给第四位顾客理完发，顾客一边付钱一边笑道："动作挺利索，二十分钟就解决问题了。"徒弟不知所措，沉默无语。

师傅笑着抢答："如今，时间就是金钱，'顶上功夫'速战速决，为您赢得时间和金钱，您何乐而不为？"顾客听了，欢笑告辞。

晚上打烊。徒弟怯生生地问师傅："您为什么处处替我说话？反过来，我没一次做对过。"

师傅宽厚地笑道："不错，每一件事都包含着两重性，有对有错，有利有弊。我之所以在顾客面前鼓励你，作用有两个，对顾客来说，是讨人家喜欢，因为谁都爱听吉言；对你而言，既是鼓励又是鞭策，因为万事开头难，我希望你以后把工作做得更加漂亮。"

徒弟很受感动，从此，他越发刻苦学艺，技艺也日益精湛。

说话是人与人之间沟通的桥梁，不同的说话水平和说话方式，给对方带来的感受就会有所不同，说话人所获得的效果和回报也会大不相同。故事中师傅巧妙的言辞不仅使顾客愉快地接受了徒弟的服务，无形中也为自己赢得了更多的新老客户，同时，他不露声色地为徒弟打圆场，使徒弟摆脱了尴尬的处境，还表达了自己对徒弟的鼓励和期待，使徒弟感激地接受了师傅的教诲，这真可谓一举三得的说话技巧。这个故事也告诉我们，在任何时候，你不仅要会干，也要会说。良好的说话技巧，能够为你赢得更好的人缘和更多的机会，让你感受到更多的轻松和愉悦，并使你在生活、社交和职场上如鱼得水、游刃有余。

阿文自从毕业之后就在现在的公司上班，他一直非常认真地工作,自我感觉也很聪明。但让他苦恼的是,上司似乎总也看不到他的成绩。因为他不喜欢表功,每次上司让他们随便谈论自己的成绩,他总是说:"其实,我也没有做出什么成绩,那些成绩都是在大家的帮助和努力下完成的!"

后来,他意识到这样的回答不会让上司觉得他很谦虚,相反,上司会觉得他真的什么都没有做。再这样下去,后果就会很严重。于是,阿文对此进行了调整。有一次,他只花了一个星期的时间就成交了一笔业务。于是,他开始趁热打铁,显示自己的功劳。在一个偶然的机会下,阿文假装不经意地提起:"我刚和一个朋友谈完,就成交了这笔生意!前后还不到几分钟的时间。"

上司听到这些话果真非常高兴,建议阿文告诉公司的公关部门,好让公司同事知道这笔进账。再后来,阿文就被调到了公关部门做了主管。

很多时候,不管自己做了多少事情,付出了多少努力,如果自己不说,是不会有人帮你去告诉上司的。而上司也不会将自己的注意力集中在某个员工的业绩上,他所关心的是整个公司的运转。所以,作为一名公司员工,尤其是对于有些内敛的人来说,要想做得更好,不仅要会干,还要会说,会不露痕迹地表现自己。

能力固然重要,好口才也是必不可少的。大多数成功人士都是能言善道的,而不成功者则往往不太会说话。如果你是一个拥有好口才的人,总有一天,它会使你在竞争中脱颖而出。

有两个给领导开车的司机,由于单位精简人员,其中一个人必须被裁掉。于是,两人竞争上岗。第一个司机大概讲了十来分钟,他说:"我将来要还能开车,一定把车收拾得非常干净利索,遵守交通规则,要保证领导的安全,一定要做到省油……"第二个司机没用三分钟就讲完了。他说:"我过去遵守了三条原则,现在我还遵守着三条原则,如果今后用我,我还将遵守三条原则:第一,听得,说不得;第二,吃得,喝不得;第三,开得,使不得。我过去这样做,现在这样做,今后还这样做。"后来,第二个司机顺利地留了下来。

在领导心目中,第二个司机说得非常好。"听得,说不得"是指,领导坐在车里研究的一些工作,往往在没讲之前都是保密的,司机只能听不能说,说了就是泄密;"吃得,喝不得"意思是,司机要经常陪领导出去开会或参观,最后总得吃饭,但是千万不能喝酒,这叫保护领导的生命安全;而"开得,使不得"就是,即使领导不用的时候,我也决不私自开车,公私分明。这样的话在领导听来有理有据,正合心意,说这番话的人又岂能不被领导重用?

埋头苦干≠升职加薪

在职场竞争越来越激烈的今天,你还坚信"种豆得豆,种瓜得瓜"的道理吗?

你是否常常疑惑为什么自己长年累月地忙忙碌碌,任劳任怨,而薪金和职务却总是原地踏步?

你是否一直弄不明白为什么自己兢兢业业,工作也做得有声有色,但上司就是对你和你所取得的成绩视若无睹?

其实,之所以会出现这样的状况,是因为你不善于向上司表现自己。别以为"是金子总会发光的",那种"酒香不怕巷子深"的时代早已经过去，现如今人们更信奉"王婆卖瓜，自卖自夸"，而职场的规矩就是，既要干得漂亮，也要说得好听。如果只知道埋头苦干，不仅会把自己置于"养在深闺无人识"的境地，甚至还会给人留下只会工作、不懂合作的负面印象。

实际上，上司不可能时刻关注每一个员工的一举一动。比如，上司不在，你为了完成工作独自加班到十一点钟，如果你不说，就没有人会了解。所以，既然你努力了，就要让别人知道你的付出和期望。

在外企工作的岚岚最近特别烦，原部门主管跳槽了，还带走了一名部下，使得自己一个人干三个人的活，压力特别大。岚岚在公司已苦干了三年，仍然没有被升职加薪，自己向上司提出的一些新想法，也未被重视。岚岚对上司欲言又止，非常苦恼。后来，她实在忍不住了，就去找上司说了自己的工作状况和目前面临的压力，并提出了加薪的愿望。之后没多久，岚岚就得到了加薪的通知。

很多人为工作兢兢业业，也取得了不俗的业绩，有心要求升职加薪，却总是无法说出口。事实上，工作范围扩大就是争取升职加薪的有力理由，说明你为公司节省或赚得了更多金钱，你完全可以理直气壮地获得更好的待遇和更多的报酬。此时，与上司沟通，直接告诉对方你内心的真实想法和要求就是最有效的方法。因为如果你不说，就永远都不会有人看到或重视你的努力。不过，在向上司提出升职加薪的要求之前，你需要考虑几个问题：你的证据是否充足有力？最新的薪金行情是多少？到底是谁决定了你的薪金？想清楚这些问题之后，要考虑一下上司可能向你提出的问题。假如连你自己也不能肯定自己的努力是否值得升职加薪，又怎能说服上司这样做呢？最后，你就可以坦然地向上司提出要求，否则就不要轻举妄动，以免被上司三言两语驳倒，使你的晋升更遥遥无期，并在上司心中留下不良印象。

　　大雷在一家外企担任行政工作。行政工作势必比较琐碎，从公司搬迁时装修价格的谈判，到上层领导的来访接待，通通都是大雷的分内事。他做得十分辛苦，自然希望获得认可。但是三年后，大雷依旧只是一个行政助理，每年的绩效评估都是"中"，大雷的职位和职责范围也始终处于公司管理链的最末端，没有任何让人振奋的变化。

　　原来，大雷的上司是一个权力欲和控制欲都很强的人。大雷跟供应商去讨价还价，最后拍板的是经理；大雷草拟了许多规章制度，修改人是经理；公司装修时，大雷没日没夜地加班，最后决定装修计划的又是经理。大雷花去多十倍的努力，可是最后得到的业绩通通都跟他无关，他也得不到机会在"上司的上司"面前表现自己的能力，自己的光芒完全被那位经理遮挡住了，自己的才华和努力完全成为那位经理的业绩。

　　作为职场中人，你必须学会的是抓住一切机会表现自己的工作成果。你要说出你的业绩，以达到自我宣传的目的。可能有人会担心，自我宣传会给人留下"自大""不诚实"的印象，但是只要你诚实地列举出优秀的业绩，而且这些业绩都获得了周围人的认可，那么你就完全不会被看作是"讨厌的人"。反之，如果你不善于宣传自己，往往会受气又受累。

桃子在公司的一个驻深圳办事处工作，平时老板不在身边。外人都觉得桃子一定很舒服，但只有桃子知道自己有多辛苦。老板不在身边，看不到琐碎的日常工作，顶头上司就不断地把新的工作分派下来。有时候，一个起码需要半天时间才能完成的报告，他会说出："你看看可不可以在一两个小时内完成"。桃子为了好好表现，全都应承下来，做不完就加班，但有时确实没有办法按时完成，她自己又不好意思说，就只好委屈地听着顶头上司那种又严肃又失望的斥责。

在职场中，人们常遇到的一个问题是，上司会同时给你很多任务，这会让人很苦恼，不知道应该先做哪一件。其实，在上司给你指派工作的时候，你必须先问清这件事的重要性。如果其重要性低于你正在做的那件事，就要向他确定他是否需要你停下来先做这件事。这样你就可以合理地安排时间，最重要的是，也让他知道你手上有很多其他工作要做。其实，很多时候，上司只不过是因为偶然想到一件事，又不知道你在做什么，就直接派给了你。所以，解决这种问题的关键就是让他知道你在努力地完成手头的工作，而且这项工作很重要。这不但可以解决工作压力的问题，还能使你和上司的关系达到某种程度上的平等，从而间接地提高了自己的地位。反之，若一味地接受、承受，不仅会使自己疲惫不堪，还会弄得个费力不讨好。

莎拉的上司是工作狂，经常在周五的晚上召集大家开会到深夜，周末也经常让大家加班。在上司的手下工作，莎拉几乎没有任何私人时间，听到"加班"两个字就胃痛。莎拉觉得不堪重负。而这也无法使上司满意，如果工作没有达到他预期的效果，上司就没有好脸色，甚至大发脾气。

一般情况下，公司规定的工作量都是可以在八到九个小时内完成的。如果你每天都超时工作，不是因为你的能力不足，就是因为你的工作量确实超出了你的承受范围。如果是后者，你就需要和上司谈一下，自己承担的工作压力是不是太重了？当然，如果真的是工作需要，你别无选择。

但总有很多人辛辛苦苦地做了很多事，却从不跟上司提要求，总认为自己的付出上司肯定看得见，所以总停留在普通员工的位子上。

相信没有人愿意辛辛苦苦地工作，却得不到应有的报酬。所以，要想改变这种现状，你首先就要明白，在竞争激烈的社会，要想脱颖而出，不但要有能力，要努力付出，还要懂得"宣传"自己，给自己造势。

在同一个公司里做事，付出同样的努力，为什么有的人可以在会议上侃侃而谈、出类拔萃，获得晋升的机会，可以轻易说服客户而扩大自己的业绩，提高自己的收入，可以在团队里发表富有感染力的演讲且身居要职，而有的人却只能酸溜溜地羡慕别人得到的掌声，羡慕别人的人生精彩？其实这一切，每个人都可以尝试着得到和拥有。只要你不再做那种只知道耕耘，不问收获的"老黄牛"，你就会拥有你想要得到的那种荣耀。

长羽来这家公司已经三年了，他的能力并不差，在公司里的人缘也不错，可是就连进公司一两年的新人都升迁了，他却还在原地踏步。

原来，他虽然"工作成绩不错"，但不善于向上司"表功"。所以，很多时候，尽管取得同样的业绩，其他同事总能得到比自己更高的评价。

有时候，长羽也想不通，上司为什么不自己去看呢？他为什么非要听下属天花乱坠的自我吹嘘呢？为什么汇报的时候，下属总是要说"在领导的支持、关心与指导下"，这不是歌功颂德吗？

所以，三年了，长羽还是没有得到上司的赏识，更没有获得晋升的机会。

很多职场中人都有过这样的理想：在同事面前言谈幽默风趣、巧舌如簧；在面试时表达自如、施展才华；进入一流公司和挑战高薪……然而，这些理想，不是只知埋头苦干就能实现的，你要将自己的优势说出来，把自己的成绩告诉上司，在众多优秀人才中发出自己独特的声音，让优秀的口才助你一臂之力。

首先，要主动表现你的进步。

初入职场，你难免会有很多不懂的地方，这时无须忐忑，你不妨找个时机向上司表白一番："我刚来的时候不懂，犯过错，幸亏有您指正，现在我已经明白了犯错的原因，再也不会犯同样的错误，真的非常感谢您！"这样，你不仅让上司知道了你已经取得的进步，还不露痕迹地把你的进步归功于他，相信很少有上司会不心花怒放的。

其次，不要害怕向上司汇报工作。

在职场上，下属与上司之间的沟通应该是贯穿于工作的整个过程之中的，这不仅可以使双方及时地交流信息，让上司了解下属的工作状况，也可以避免很多不必要的问题。但总有很多人出于对上司的生疏和恐惧感，见到上司时一举一动都不自然，即便是普通的工作汇报，也要采用书面报告的形式，以免被上司当面责问。时间久了，他们和上司之间的隔膜也就越来越深，这是非常不利于自己发展的。

所以，无论什么时候都不要害怕向上司汇报工作。当你完成了一项很棘手的任务时，一定要向上司汇报，让他知道你有聪明的头脑和出众的能力。千万不要等到事情失败了，你才去汇报，这样你在上司心目中的印象一定很糟糕。

最后，不要总是唯命是从。

很多时候，出于工作的需要，下属确实需要服从上司的命令，但如果你的服从成了唯命是从，就会适得其反。有时候，上司也需要你提出自己的意见，如果你有更好的解决方案，不妨大胆地说出来，让上司发现你的闪光点，从而对你赏识有加。

总之，"会哭的孩子讨人疼"，无论什么时候你都要记住：埋头苦干≠升职加薪，那种只知苦干的"老黄牛"精神很多时候已经不适合现代职场人。作为职场人，不凡的业绩可以让你拥有傲人的资本，而会表现自己的能力则能让你在职场上更轻松愉快。如果你目前的工作让你感觉到压抑和辛苦，你就要弄明白一个问题，这到底是因为你能力不足，还是因为你不善于表现自己，使得上司根本就看不到你的辛苦努力，以为你很轻松，还在不断为早已不堪重负的你加压。

适度表功，不做"幕后英雄"

大明在上司办公室挨了一顿批评，心里都闷极了。因为今天通过的编程是他和小何一起做出来的，可一到最后，功劳全是小何的，问题则全是大明的，而且这样的事情已经出现了很多次，偏偏上司十分相信小何。于是，大明开始在办公室里抱怨起来。没想到上司正好经过这里，一听到大明的抱怨，他就来了劲："你抱怨什么？我批评得不对吗？"大明心里更加郁闷了，但是却不知道怎么说才好。

大明独自坐在一旁仔细想了想："小何做事不够磊落，一旦公司下派任务，他就开始挑三拣四。而任务完成之后，总是想办法把功劳留给自己，把责任推给别人。他每个月的报告都写得天花乱坠。"最后，他决定想办法改变这种现状。

后来，大明找了个机会，和小何同时负责界面模块的开发。他们在测试时，大明发现小何的部分代码存在问题，可能导致界面无法正常显示，但他并未声张。上司视察的时候，小何一直炫耀自己的功劳，大明就跟随着他附和。

过了一会儿，上司要看小何的那段代码，可界面却显示不出来，小何情急之下故技重演："这部分是大明写的吧？"

上司听了不禁皱起眉头："到底是谁的？"

大明假装忘记了是谁写的，小何就赶紧把责任推到了大明的身上。大明没说什么，只是在上司的面前从容不迫地很快解决了问题。上司冲大明笑了笑："原来一直都是你的功劳啊！"大明笑着说："是大家的功劳！"上司满意地点了点头。从此，他不再做"幕后英雄"了！

在职场上有许多像大明这样的"幕后英雄"，他们总是默默无闻地付出着艰辛的劳动，最后明明是自己的功劳，却成为别人炫耀的资本，而他们自己却长久得不到应有的重视。

台湾作家黄明坚有一个形象的比喻："做完蛋糕要记得裱花。有很多做好的蛋糕，因为看起来不够漂亮，所以卖不出去。但是在上面涂满奶油，裱上美丽的花朵，人们自然就会喜欢来买。"职场中人也是一样，除非你打算永远蹲在角落里顾影自怜，否则，每当做完自认为圆满的工作后，一定要记得以适当的方式向上司、同事报告；当有人来抢夺属于你的功劳时，也要坚决捍卫。总而言之，就是不要自己辛苦一场，到头来却是为他人做"嫁衣裳"。因为即使你不声不响，把自己的功劳白白送给别人，也不会有人因此就真正感激你、重视你，他们有的不过是窃喜而已，而你自己却会与上司的信任、荣誉、地位越来越远。

一般来说，你可以选择这样的方式来捍卫自己的劳动成果。

（1）想法和创意提前提出。

很多时候，你在不经意间提出的想法和创意很可能被你的同事拿去用了，功劳自然也被他们抢走了。所以，一旦有好的想法和创意，一定不要随便说出来，要在想好之后，马上去和上司谈。

（2）不急于和他人争功。

不急于和他人争功，并不是不争，而是要找准时机，合理地组织自己的语言，使上司接受自己的要求。

所以，在作出决定时，要考虑打这场"官司"得花费多少精力。如果争功只能使你疲惫不堪，或者会让你的上司生气，那么退出争夺战显然是上上之策。

总的来说，向上司"喜传捷报""邀功求宠"时，要遵循如下原则。

第一，开门见山，先说结论。在向上司邀功的时候，不要把时间和精力用来描述你所做的事，而要直接把结果告诉他，也就是用有限的时间，报告上司最关心的事。

第二，如果时间允许，你可以进一步详细说明过程，但你的表述也要尽可能简明扼要，同时要先感谢别人，再提自己的功劳。

第三，"表功"时只要能给上司留下好印象即可，如果你一次次地赢得上司的肯定，升迁晋级时，上司自然会想到你。若立刻求赏，上司可能会觉得你太急功近利。

第四，向上司报告完后，最好把好消息告诉你的同事、下属。这样你就制造了"舆论"，让别人觉察到你的"闪光点"。

第五，不要等计划或提案全部完成后才呈报给上司，而应保留供上司发表意见的余地。如果你把所有的事项都考虑周全了，会使其他人失去参与的机会，尤其会使上司没有发表意见的机会。这时，虽然你会觉得很满足，却容易引起别人的反感，这对你有百害而无一利。这时，你可以对上司说："我们只能考虑到这些，其他的尚未决定……"这样，你便可满足上司的优越感，你的提案也会容易通过，你也会给人留下精明能干的印象。

职场中人要会说的 10 句话

静静是一家化妆品公司的业务主管，本来已经任命为部门经理，偏偏在这个时候换了新上司，她的任命就被莫名其妙地搁置了下来。后来经过暗中了解，她发现原来是公司里有人散播谣言，说她是因为与原上司关系暧昧才得到任命的。静静感到很委屈，可是这种谣言一时间也不好向新上司澄清，而且自己又不是那种能言善辩的人，于是她决定默默地等待谣言自动消失。但让她没想到的是，自己的沉默竟然让这种谣言越传越烈，她在公司做事时都感觉到了不自在。

在职场上，虽然能力和勤奋很重要，但会说话却能让你工作起来更轻松，并且可能帮助你加薪、升职。如果仅仅凭着熟练的技能和勤恳的工作态度，就想在职场上游刃有余、出人头地，那么你的希望很有可能会落空。所以，即使你有满腹才华，也要能说会道，否则就会变成职场上的一个"跛子"。

以下便是职场中人要学会说的10句话。

（1）应答上司交代的工作："我立即去办。"

面对上司分配下来的任务时，如果你能冷静、迅速地做出这样的回应，就会让上司感觉到你是一个工作效率高、行动果断并且服从领导的好下属，那么你自然就可以得到更多的机会。如果你犹豫不决，只会让上司感到不快，从而给上司留下优柔寡断的印象，以后有了重要的机会时，上司自然不可能想到你了。

（2）传递坏消息时："我们似乎碰到一些情况……"

危难关头是看清一个人的好时机，所以当一笔业务出现麻烦，或市场出现危机时，如果你立刻冲到上司的办公室报告这个坏消息，就算这个结果不是你造成的，也会让上司怀疑你处理突发事件的能力，弄不好还会惹来上司的责骂，成为出气筒。此时，你可以从容不迫地说："我们似乎碰到一些情况……"这样的说法显示出你的镇静，可以让上司觉得事情并没有到了不可收拾的地步，并且感到你会与他并肩作战，解决问题。

（3）体现团队精神："某某的主意真不错！"

在明争暗斗的职场，善于欣赏别人，会让上司认为你本性善良，并富有团队精神，从而给你更多的信任。所以，如果同事的创意或设计得到了上司的欣赏，虽然你心里为自己不成功的设计而感到难过，甚至有些妒忌，但你还是要在上司能够听到的地方夸夸同事："某某的主意真不错！"

（4）如果上司问了你某个与业务有关的问题，而你不知道如何作答，千万不要轻易说"不知道"，而要说"让我再认真地想一想，下午 2：00 前答复您好吗？"事后你要认真作调查，然后及时给上司答复。这不仅可以暂时让你解围，也可以让上司认为你不轻率行事，是一个三思而后行的人。

（5）请同事帮忙："这个策划没有你真不行啊！"

每个人都有需要别人帮忙的时候，而且在恰当的时机请人帮忙还有助于建立良好的人际关系。所以，当你有个策划，而且需要找个比较内行的人帮忙时，你不妨诚恳地说："这个策划没有你真不行啊！"同事为了树立自己内行的形象，通常是不会拒绝的。

（6）减轻工作量："我知道这件事很重要，我们可以把手头的工作按重要性排出先后顺序。"

当你的工作压力过大，而上司又在给你指派更多的任务时，你就可以先强调你了解这项工作的重要性，然后请求上司指示，将这项工作与其他工作一起排出先后顺序，不露痕迹地让上司知道你的工作量其实很大，如果不是非你不可，有些事就可交给其他人或延期处理。

（7）承认过失："是我一时疏忽，不过幸好……"

职场中人犯错误在所难免，所以勇于承认自己的过失很重要，而推卸责任只会使你错上加错。不过，承认过失也有技巧，如果你把所有的错误都承担起来，很可能给上司留下一无是处的印象。而这句话就可以转移别人的注意力，从而淡化你的过失。

（8）打破冷场的话题："我很想知道您对这件事的看法……"

当你与上司单独相处时，有时很有必要找点话题，以打破冷场。其实，这个时候正是你赢得上司青睐的好机会，你可以和上司谈一些与公司有关、上司既关心又熟悉的话题。当上司滔滔不绝地发表看法时，也会对你这样一个谦虚的听众欣赏有加。

（9）面对批评："谢谢你告诉我，我会仔细考虑你的建议的。"

面对上司的批评或责难，无论是不是你的错误，都不要将不满流露出来，而要坦然地让对方知道，你已接收到他传达的信息。这种不卑不亢的态度会让你看起来既自信又稳重，上司自然也会对你另眼相看。

第三章

没有人不爱听赞美的话

——把话说到心窝里

无论是成功者，还是失败者，无论是做出了卓越贡献的人，还是默默无闻者，都对赞美有着莫大的渴望。因为赞美是一缕春风，它可以催人上进，暖人心扉。在人际交往中，当你不知道怎样与人沟通的时候，当你不知道怎样拓展人脉的时候，当你不知道怎样化解敌意的时候，那么就赞美他人吧。赞美是一种力量，更是一种武器。

没有人不喜欢赞美的话

赞美是人际交往中的重要的交际手段，是一种积极有效的沟通、交流方式，是通过对他人的优点作出积极的肯定，使交流双方之间发生良性情感交流、实现心灵沟通。心理学研究发现，人类的本性中都有渴望受到夸奖和赞美的需要。

清朝末年，著名学者俞樾在他的《一笑》中，讲过这样一个故事。

有个京城的官吏，要调到外地上任。临行前，他去跟恩师辞别。

恩师对他说："外地不比京城，在那儿做官很不容易，你应该谨慎行事。"

官吏说："没关系。现在的人都喜欢听好话，我准备了一百顶高帽子，见到一个人就送出一顶，应该不至于有什么麻烦。"

恩师一听这话很生气，马上教训他的学生说："我反复告诉过你，做人要正直，对人也该如此，你怎么能这样？"

官吏说："恩师息怒，我这也是没有办法的办法。要知道，天底下像您这样不喜欢戴高帽的能有几位呢？"

官吏的话刚说完，恩师就得意地点了点头："你说的倒也是。"

从恩师家出来，官吏对他的朋友说："我准备的一百顶高帽，现在剩九十九顶了！"

讨厌别人赞美自己的人少之又少。即使有，其内心的本意也未必尽然。因为人都有获得尊重的需要，即对力量、权势和信任的需要；对名誉、威望的向往；对地位、权力、受人尊重的追求。而赞美，则会使人的这一需要得到极大的满足。所以，要想获得他人的好感，最有效的方法就是热情地赞美他人。如果你能够充分认识到并恰当地满足他人对赞美的心理需求，善于运用赞美这把打开心灵的钥匙，就一定能建立良好的人际关系。

曾经叱咤风云的拿破仑，在"马屁"面前也不能自持。

拿破仑是非常讨厌别人拍他马屁的。有一次，随从之一对他说："将军！您最讨厌别人对您拍马屁吧！"拿破仑笑着回答："是的，一点也不错！"

事实上，这不就是那位随从一记响亮的"马屁"吗？

喜欢被赞美是人的一种本性。古今中外无数人的言行都证明了这一点。虽然有的人表面上对他人的赞美嗤之以鼻，自诩能虚心接受批评，事实上，如果你真的把批评的矛头对准他，他心中一定会对你恼怒不已，往日对你的亲近感情也会随之减少。因此，善于赞美他人，是一个人懂得为人处世的表现。

有一段时间，为了维持生计，卡内基不得不到派克尔德货车专柜当一个推销员。由于对发动机、车油和部件设计之类的机械知识一点都不感兴趣，所以他根本无法了解自己推销的产品的性质。所以，当有顾客走来时，卡内基虽然立刻走上前向他们推销货车，但他说的话通常连他推销的产品的边都沾不上，以至于顾客都认为他是一个疯子，他们很奇怪老板为什么会雇一个疯子来卖货车。看到这里，他的老板非常气愤地走来对他吼道："戴尔，你是在卖货车还是在演说？告诉你，如果明天再卖不出去东西，我会让你滚蛋的。"此刻，卡内基心中也非常着急，因为他每天的伙食费还得从老板那儿拿。他灵机一动，说："老板，为了可以吃上面包，我会好好地干的，而且你看这天气，明天你的生意会一帆风顺的。"老板被卡内基恭维得舒舒服服的，这才消了气。

卡内基见状也松了一口气，而且他发现了赞美的魅力。第二天，与顾客谈话时，他会不失时机、恰到好处地赞美客户，最后他竟卖出了一个汽车引擎。这使老板觉得卡内基是个可造之才，所以解雇他的事就再没提起。

赞美对于强化人的行为具有不可忽视的重要作用，人们会因得到及时的赞美而更具活力，其创造力也会被激发出来，同时，赞美人的亲和力也会因此加强。所以，无论什么时候，你都不要忘记，赞美是让你在人际交往中所向披靡的有力武器。

身处逆境的人更需要赞美

俗话说："患难逢真情。"你不仅要会赞美那些早已功成名就的人，更要会赞美那些因被埋没而产生自卑感或身处逆境的人。他们平时很难听到一声赞美的话语，一旦被你当众真诚地赞美，便有可能振作精神，大展宏图，并因此对你心生感激之情。因此，最有实效的赞美不是"锦上添花"，而是"雪中送炭"。

真诚地称赞他人是"石油大王"洛克菲勒与人打交道的成功秘诀。有一段时间，他与爱德华·贝德福是合伙人。但由于决策失误，贝德福把他们在南美的一笔大买卖搞砸了，使得公司损失了几百万美元，这几乎使公司陷入困境。对此，贝德福很内疚，怕洛克菲勒责骂自己。他甚至想好，等到洛克菲勒痛骂自己的时候干脆辞职算了。但让他没想到的是，洛克菲勒一见到他就笑眯眯地说："真是谢谢你，在那样的情况下，你还为我们保留了百分之六十的投资金额，你真是了不起。至于损失的那百分之四十，你也不要难过，毕竟我们不可能在每一件事上都不出错。"这让贝德福感激不已。自此以后，他努力地工作，很快成为洛克菲勒的得力助手。

通常意义上，鲜花和掌声总是属于成功者，而迎接失败者的更多的是不屑和冷漠。事实上，他们脆弱的心灵更需要安慰、鼓励和赞美，所以患难之交才是最为珍贵的。

查理自己经营着一家公司，每天既要接待客户，还要管税务和财务，忙得不可开交。照镜子的时候，他发现自己形容憔悴，此时却还有几个重要的客户没有拜访，一丝伤感悄然袭上心头。合作伙伴看到他的眼神和举动，从中读出了他的感伤，就走上前去，递给他一杯香浓的咖啡，说："休息一会儿，查理，你永远是最能干的，你一定可以做好的！"

查理喝下了咖啡，同时也在品尝着同事的一份关怀之情。

一个人之所以能取得成功，是因为他付出了比别人更多的汗水和心血。他们得到鲜花和掌声，这也无可非议。但是，失败者也曾同样为了某个目标而艰辛地跋涉着，他们付出的努力并不比别人少，甚至比成功者还要多，但却因为这样或那样不可预知的原因，与成功失之交臂。对于那些曾经辛勤工作并为之付出努力的失败者来说,赞美对他们比对那些成功者更为重要。如果我们对那些因失败而垂头丧气的人视而不见,甚至冷嘲热讽,就无疑又在失败者的"伤口"上撒了一把"盐",进一步挫伤了他们的自信心。如果我们能对那些失败者给予充分的尊重和赞美,则不仅可以对他们给予安慰和肯定,也可以使我们赢得他人的尊重。

1945 年 9 月 2 日,日本将要签署投降条约,第二次世界大战也因此即将拉下帷幕。

在太平洋上的美军"密苏里"号战舰上,人们都在翘首以待,共同目睹这一历史性的时刻。

上午 9 时,盟军最高司令官道格拉斯·麦克阿瑟将军出现在甲板上,预示着这个令全世界为之瞩目和激动的伟大时刻马上就要到来。

随后,日方代表登上军舰,投降仪式开始了。

就在五星上将麦克阿瑟即将代表盟军在投降书上签字时,他却突然停住了。现场数百名记者和摄影师对此大惑不解,他们谁也不明白麦克阿瑟想要干什么。

麦克阿瑟转过身,招呼陆军少将乔纳森·温斯特和陆军中校亚瑟·帕西瓦尔,请他们走过来站在自己的身后。

麦克阿瑟的这一举动,让现场的许多人既惊讶又嫉妒。因为那两名军官占据的是历史镜头前最显要的位置。一般来说,这个位置应该属于那些战功显赫的常胜将军。而现在,这个巨大的荣誉却分配给了这两个在战争初期就当了俘虏的人。

1942 年,温斯特在菲律宾、帕西瓦尔在新加坡率领部下向日军投降。现在，两人都是刚从战俘营里获释，然后乘飞机匆匆赶来的。

人们很快就明白了麦克阿瑟的良苦用心。这两个人都是在率部下苦战之后，因寡不敌众，又无援兵，并在接受上级旨意的情况下，为了避免更多无谓的牺牲，才率部下忍辱负重地放弃抵抗的。他们瘦得像两株生病的竹子的身体、憔悴的面容、恍惚的神情告诉人们，他们在战俘营受尽了精神上和肉体上的残酷折磨。

虽然战争胜利地结束了，但作为败军之将的温斯特和帕西瓦尔同样是英雄，他们为这场战争的最后胜利也作出了贡献。

在麦克阿瑟的眼里，似乎仅让他们站在自己身后还不够，他做出了更惊人的举动——

他将签署英、日两种文本投降书所用的5支笔，在分别送给温斯特和帕西瓦尔之后，又分别赠给了美国政府档案馆、西点军校和自己的夫人……

麦克阿瑟用这种特殊的荣誉方式，向两位尽职的落难者表示尊敬和理解，向他们为保全同胞的生命而作出的个人的巨大牺牲和所受的苦难表示感谢。

没有人可以永远成功，也没有人天生就注定了要失败，所谓的成败、荣辱、强弱随时都可能发生转变。作为失败者，他们也经历了一番可贵的奋斗，他们的努力和付出一样值得尊重。所以，当你盛情地赞美那些在光环和鲜花围绕下的成功者时，不妨也多为那些尚未取得成功者、暂时困难者、失意者，甚至失败者送去你的赞美和鼓励。善待他人就是善待自己，善待失意者，总有一天，你会得到百倍的回报。

别让赞美变为奉承

赞美不同于奉承，它是人际交往的润滑剂，在建立良好的人际关系方面起着巨大的作用，而奉承不过是别有用心的巧言令色。菲力普说："很多人都知道怎样奉承，很少有人知道怎样赞美。"赞美具有诚意，奉承没有诚意；赞美是从心底发出的，奉承只是口头说说而已；赞美是无私的，奉承大多是为了达到自己的目的。因此，人们喜欢赞美而厌弃奉承。

并不是人人都会赞美，赞美也是很有学问的，赞美别人也要讲究方法，以免本来是赞美的话在别人听来却成了奉承。会赞美的人能用一句话化解尴尬，扭转局势，赢得他人的感激和尊重，而不会赞美的人则可能因为一句话而引起对方的反感，甚至使对方勃然大怒。所以，即使是赞美他人，话也要说得得当、得体，而且要诚恳，甚至还要注意时空、理由及对象的性格，这样才能让对方产生"深得我心"之感，也才能取得预期的效果。

一家著名的地产公司要投资巨款建造一座纪念馆。为了承接建筑物内的坐椅，许多家具制造商展开了激烈的竞争。但是，来找房地产公司老板高先生谈生意的商人们无不乘兴而来，败兴而去，一无所获。

正是在这样的情况下，一家名不见经传的公司经理——阿来，前来会见高先生，希望能够得到这笔价值 50 万元的生意。

阿来被引进高先生的办公室后，看见高先生正埋头于桌子上的一堆文件，于是他静静地站在那里仔细地打量起这间办公室。

过了一会儿，高先生抬起头来，发现了阿来，便问道："先生有何见教？"

这时，阿来没有谈生意，而是说："高先生，我在等您的时候仔细观察了您的这间办公室。我本人长期从事室内的木工装修，但从来没见过装修得这么精致的办公室。"

阿来的赞美之词使高先生的自尊心得到了极大的满足，他笑着回答说："哎呀！您提起了我差不多忘记了的事情。这间办公室是我亲自设计的，当初刚建好的时候，我喜欢极了。但是后来一忙，一连几个星期都没有时间仔细欣赏一下这个房间。"

阿来走到墙边，用手在木板上一擦，说："我想这是英国橡木，是不是？意大利橡木的质地不是这样的。"

"是的。"高先生高兴得站起身来回答说，"那是从英国进口的橡木，是我的一位专门研究室内装饰的朋友专程去英国为我订的货。"

高先生的心情极好，便带着阿来仔细地参观起办公室来了，并把办公室的所有的装饰一件一件地向阿来作介绍，从木质谈到比例，又从比例谈到颜色，接着从手艺谈到价格，然后又详细地介绍了他的设计经过。这个时候，阿来微笑地聆听着，饶有兴趣。直到阿来告别的时候，两人都未谈及生意。但最后，阿来恰到好处的赞美使他顺利地得到了这笔生意。

不同的赞美方式会导致完全不同的结果。赞美他人时，应该注意场合、对象以及赞美的内容，不能千篇一律、敷衍了事、不着边际，否则赞美者自以为口才过人，被赞美者却如堕五里雾中，不知所言。同时，说赞美话时一定要发自肺腑、充满真诚，这样才能让人越听越舒服。

有一位大学生曾向心理老师诉说她的困惑。她说她在交际中使用了赞美的方法，可不知为什么效果并不理想。心理老师分析了具体的情况后，说："那是因为你的赞美给人的感觉太像拍马屁了。"

在人际交往中，不仅要慷慨大方地使用你的赞美，还要有技巧地运用赞美，这样才能取得预期的效果。以下是赞美时应当恪守的原则和技巧。

（1）赞美一定要真诚。

真诚是赞美的基础，人们只会对发自内心的赞美产生正面的反应，否则你的赞美不仅起不到积极的作用，还可能引起他人的反感，并使其产生戒心，进而怀疑你的动机，最终给交流造成障碍。所以赞美必须是恳切、由衷、自然和热情的，这样才能让别人相信你的赞美是诚恳的。此外，赞美不能和请求帮忙的诉求放在一起，否则无论你的赞美多么真诚，其效果都将大打折扣。

（2）赞美一定要及时。

赞美具有时效性。当他人做出成绩、取得进步时，及时的赞美会给他留下最深刻的印象。这时，他在心理和行为对赞美的反应是最强烈的，效果也是最好的，而"马后炮"式的赞美则可能让人觉得可有可无。

（3）善于发现对方值得赞美的地方。

有些人不是不想赞美他人，他们也知道赞美的作用，但苦于找不到可被赞美的事件，最后只得作罢。"生活中从来都不缺少美，缺少的是发现美的眼睛"，即使是缺点再多的人也有可被赞美的地方，只不过是被你粗心地忽略了。奥地利心理学家贝维尔博士曾说过："如果你想赞美一个人，而又找不到他有什么值得称赞之处，那么你可以赞美他的亲人，或者和他有关的一些事物。"所以，他人的肤发、服饰、思想品位，甚至与其相关的事物都可以成为你直接或间接赞美的对象。

（4）赞美要切合实际。

有人为了赞美不惜夸大事实，做出过分的反应，结果使得对方怀疑其是否是真心实意，是否有嘲弄的动机。比如，面对一位长相平凡的女子，你不妨赞美她活泼，或说她苗条，或说她健美，或赞美她的才智、她的聪明、她的幽默，或赞美她料理家务井井有条，教育子女有方……但如果你夸她貌若天仙，则难免有讽刺之嫌。所以，赞美要因人而异，赞美对象的年龄、性别、身份、爱好不同，所处情景不同，赞美的内容和方式也应不同，不能拿事先预备好的赞美方式套用所有的赞美对象。

（5）赞美要具体。

泛泛的赞美会让人觉得你漫不经心，不够真诚。赞美用语越具体，说明你对对方越了解，对他的长处和成绩越看重。这会让对方感受到你的真挚、亲切和可信，你们之间的距离就会越来越近。赞美时，除了常用的赞美语言之外，还要清楚地表达赞美的依据、原因、理由等具体内容，使赞美显得真实、诚恳和由衷。

有的放矢，避免陈词滥调

赞美可以说是所有声音中最甜美的一种。因为赞美的话可以给人一种美的感受。但很多人即使是在赞美他人时，也避免不了乏味的语言,总说一些陈词滥调。

（1）公式化的套词。

真诚的赞美使人感到温暖,而公式化的套词只会给人留下不冷不热的印象,使人感觉你缺乏诚意、玩世不恭,不值得深交。一些"社交新人"很容易犯这种错误,见面就说"久仰大名""如雷贯耳""百闻不如一见""生意兴隆""财源广进"等恭维之词,使人听起来味同嚼蜡,有时还会冲撞别人的忌讳。

路路到同学家去玩,见到同学的哥哥后,一堆套话就脱口而出:"大哥你好,见到你真高兴!久闻你的大名,如雷贯耳,百闻不如一见!"让他没想到的是,对方听后竟满脸通红。原来,同学的哥哥因打架斗殴被拘留了15天,现在刚出来,不明情况的路路脱口就是"久闻大名",无意间揭了对方的伤疤。

（2）说别人说过的话。

一些人在公共场合赞美别人时,自己想不出怎样赞美,只能鹦鹉学舌般地跟着别人说话,附和别人的赞美。但如果是在人多的场合,一群人千篇一律地赞美某个人的同一个方面,就会使他陷入很不自在的境地,甚至让他感到厌烦。

古时候,朱温手下就有一批喜欢鹦鹉学舌的人。一次,朱温与众宾客在大柳树下小憩,独自说了句:"好大柳树!"宾客为了讨好他,纷纷起来互相赞叹:"好大柳树!"朱温看了觉得好笑,又道:"好大柳树,可做车头。"实际上,柳木是不能做车头的。但还是有五六个人互相赞叹:"好做车头。"朱温对这些喜欢鹦鹉学舌的人烦透了，厉声说："柳树岂可做车头！我见人说秦时指鹿为马，有甚难事！"于是，他把说"可做车头"的人抓起来杀了。

（3）仅赞美其专长。

每个人都有一技之长，大家往往都很容易发现这一点，赞美其专长的人也最多，时间长了，被赞美的人听烦了，再对他的这方面进行赞美也就不起作用了。比如，对于一个画家，人们肯定都关注他的画技，对于一个书法家，人们可能仅赞美其书法水平，渐渐地就会引起对方的反感。

国画大师张大千先生，经常被邀请出席各种活动，每次都有人赞美他的胡子很漂亮，张大千深不以为然。

有一次，在一个欢迎会上，大家又在讨论他的胡子，并说了许多恭维的话。张大千听了不动声色。等大家讲完以后，他说了一个故事。

三国时代，关羽、张飞去世后，孔明六出祁山的时候，想让众大将之中的一人担任先锋。可是应该选谁呢？张飞的儿子张苞说："愿往。"关羽的儿子关兴也说："愿往。"二人相持不下。孔明说："你们二人都是将门之后，谁能将父亲的盖世武功说得好，就由谁来担任先锋。"张苞道："我的父亲手持钢矛，喝断霸王桥，智擒黄忠，义释严颜，在百万军中，取上将首级如探囊取物。我家教有方，今日先锋，非我谁能？"轮到关羽的儿子说话时，他因为口吃，说了半天，只说出："我……我的父亲……胡子很长。"这时，关羽在云端里大喝一声："小子，你的老子当初手提青龙偃月刀，过五关，斩六将，诛颜良，斩文丑，上马一提金，下马一提银……你偏不说，只说老子的胡子很长。"

等张大千讲完这个故事，众皆愕然。

可见，陈词滥调不仅是社交的忌讳，也是赞美别人的忌讳。要想赞美取得预期的效果，就要尽力避免陈词滥调。

首先，赞美对方时要抓住对方的心理去赞美。

陈词滥调往往是在不深入了解对方心理的情况下说出的应付的话，无的放矢，没有目标。只有把握住对方的心理，才能知道他此时的心情和需要，给予他别出心裁的赞美。

其次，赞美别人专长以外的东西。

一位黑人先生下飞机时，很激动地对一位美国空姐赞美道："谢谢您，我在国外坐了这么多次飞机，第一次遇到对我们黑人这么友好的服务小姐。"美国空姐听了很是开心。这位黑人先生没有像常人那样赞美美国空姐的漂亮，也没有赞美其服务水平有多高，而是换了个角度称赞这位美国空姐没有种族歧视的伟大品格，可谓别出心裁。

总之，陈词滥调、公式化的套词不仅没有新意，还会让对方觉得你的赞美纯属虚情假意，进而对你心生反感。

情真意切的称赞最受欢迎

正所谓"精诚所至，金石为开。"只有真诚的赞美，才能使人感到你是真诚地欣赏他的优点，而不是以一种功利性的手段去分享他的利益，从而达到赞美的最终目的。

有一次，中央电视台体育评论家宋世雄打车到中央电视台转播一场比赛。司机将他送到电视台后说："宋老师，您转播完球赛都到深夜一点了，这么辛苦，我夜里一点钟再回来接您吧！"多年以后，宋世雄回忆起这件事时说："人生当中，还有什么比这种真挚的关心和赞美更珍贵呢？这位终日在大街小巷中奔忙的司机并不懂公关技巧、公关心理，但他有一颗关爱别人的善良之心。"这位司机一句源自真心的话语，将自己对宋世雄的赞美之情寓于真切的关心之中，感人肺腑。

赞美之词很多时候没有必要刻意修饰，哪怕别人的闪光之处微乎其微，只要发自内心，饱含真情地去赞美，就会收到积极的效果。

某市里召开局级干部会，公务员小高要参与会务工作。他认为这是结识各方面人物的良机，不可错过，因此，早早来到会场入口处迎接各位领导。

A局长乘专车来到，小高上前打开车门赞美道："风光、风光，咱市就这一部奥迪车。您真让人羡慕！"A局长听后笑笑，入会场。

B局长乘出租车来到，小高初觉得疑惑，随即赞美道："潇洒、潇洒，一招手就停，不用麻烦局里的司机，还来去自由。您必是做事灵活的领导。"B局长听后笑笑，入会场。

C局长骑辆自行车来了。他停好车，上了锁，小高便跑到跟前赞美道："廉洁、廉洁，都像您这样，老百姓还有什么抱怨的。"C局长听后笑笑，入会场。

D局长的住处离会场不远，他走着来了。小高迎上去，赞美道："时尚、时尚，您爱运动，身体一定很棒！"D局长听后笑笑，入会场。

可见，贴切的赞美有画龙点睛之效，说真实的、符合被赞美者的话，你的赞美自然会收到意料中的效果，而太虚假的赞美之词只会让人更讨厌你。做出成绩之后，每一个人都希望得到别人的理解、信任和尊重，情真意切的赞美便能满足人们的这种需要，也能使其保持愉悦的心境和旺盛的工作热情。

小李是一个专门推销烟酒的推销员，他此次的任务是要拿下本市最大型商场的订单。于是，他找到了负责人宋经理。

见面后，小李真诚地说："宋先生，我有幸逛过你们商场很多次。我非常欣赏你们商场高雅的店堂布局，商场货柜上也陈列了国内外许多著名品牌的食品，工作人员都热情待客，看得出来，您为此花费了不少心血，可敬可佩！"

看着小李一脸的真诚，宋经理不由得连声说："谢谢！谢谢！我们做得还不够，请多多指教，请多多指教！"他嘴上虽这样说，心里却是美滋滋的。

真诚的、发自内心的赞美能够引起对方的好感，无根无据、虚情假意的赞美，只会让人觉得你油嘴滑舌、诡诈虚伪。比如，对一位其貌不扬的小姐说"你真是美极了"，对方会立刻认定你所说的都是虚伪至极的谎话。相反，真诚的赞美不但会使被赞美者产生心理上的愉悦，还可以使你达到自己的目的。

郝先生的公司最近准备推出一系列新产品，因此需要做广告进行宣传。许多广告公司派人来找郝先生谈广告业务，但都无功而返。

某广告公司的小刘这天也来到了郝先生的公司。他一进郝先生的办公室，看到办公室的墙上挂着公司的标志就说："你们公司的标志设计得真不错，不仅给人一种很有活力、积极奋进的感觉，而且越看越觉得它意味深长。"

"是吗？这是公司刚成立时我亲自设计的。"郝先生的自豪感油然而生。他不无炫耀地向小刘介绍了公司标志的设计比例、色彩调配以及它的内涵，其兴奋之情溢于言表。

最后，小刘顺利地谈成了这笔广告业务，他既达到了自己的目的，也给了郝先生一种满足感。

自然而诚恳的赞美更能深入人心。所以，在赞美别人时，诚恳的态度是关键。只有态度诚恳，你的赞美才能显得自然，别人也才会对你的赞美感兴趣，你的赞美也才能获得理想的效果。反之，你最好不要将赞美的话说出口，即使你的掩饰本领再高，别人也会发现你的谎言，那样你在对方心目中好不容易才建立起来的好印象将荡然无存。

间接赞美更显诚意

虽说人人都喜欢被赞美，但很多时候，真诚坦白地直接赞美别人固然能取得一定的效果，但如果用词不当，就可能使赞美变为奉承，给人留下不好的印象，让人觉得你的赞美之词太露骨、太肉麻。此时，最好的赞美方式莫过于间接的赞美方式。你可以借着第三者来表达你对某一类人或物的赞美，也可以在被赞美者背后但他能够听到的地方表达对对方的赞美及肯定，这同样会收到不错的效果。

这样，无论你使用什么样的溢美之词，都不会显得过于露骨和肉麻，而对方又能很好地领会到你的赞赏之情。

间接赞美也需要费一番心思，要做到从容自如、得心应手地间接赞美别人，也还是要讲究一些技巧的。

（1）背后赞美他人。

在《红楼梦》中，史湘云、薛宝钗一起劝宝玉好好学习，以后做官，宝玉对此大为反感。袭人就说如果宝玉说的是林姑娘，林姑娘要是知道了，还不知道会怎样呢。于是宝玉对着史湘云和袭人赞美黛玉说："林姑娘从来就没有说过这样的混账话！要是她也说这些混账话，我早就和她生分了。"

恰巧黛玉此时走到窗下，听到了宝玉对自己的赞美，"不觉又惊又喜，又悲又叹"。之后，宝玉和黛玉二人互诉衷肠，两人感情倍增。

在黛玉看来，宝玉在背后赞美自己，而且不知道自己会听到，这种赞美就不是刻意而为的，因此也更为可贵。相反，如果宝玉当着黛玉的面说这样的赞美的话，生性多疑的黛玉可能会认为宝玉是在讨好她或打趣她，那样，按照黛玉的性子，两人就又有一场气生了。

由此可见，背后赞美的效果往往更明显。如果你当面说别人好话，对方很可能认为你在奉承他、讨好他，最终对你敬而远之。然而在背后说这些相同的好话时，对方就容易接受你的赞美之词，也容易接受你的一番情意。

（2）借第三者的口吻赞美对方。

绝大多数人都有传播消息的心理，所以你完全不用担心你所赞美的人会听不到你的赞美,相反,你在背后对对方的赞美之词,很容易就会传到对方的耳朵里,对方也会因此对你另眼相待。因此,聪明人最看重的赞美方式就是以"第三者"的口吻来赞美对方,这样更能赢得被赞美者的好感和信任。

德国历史上著名的"铁血宰相"俾斯麦为了拉拢一位敌视他的议员,便故意在别人面前赞美这位议员。俾斯麦知道,那些人听了自己对这位议员的赞美后,一定会将话传给他。不久,这位议员果然和俾斯麦成了不错的政治盟友。

同样,如果一个上司经常对下属说一些勉励的话,很可能让下属产生"免疫力"而不会有太大的感触。但如果有一天下属从第三者的口中听到了上司对自己的赞赏,他一定会深受感动,也会因此更加努力地工作,以报答上司对自己的"知遇"之恩。如果有位陌生人对你说:"某某经常与我谈起你,说你是一个很好的人!"你的心情也一定会十分愉悦。

(3)以面代点式的赞美。

这种赞美方式是针对对方的优点,赞美其优点所在的层面,以面代点,言在彼而意在此,使对方如沐春风,心生愉悦。

钱钟书先生所著的《围城》中的方鸿渐经苏小姐介绍认识了苏小姐的表妹唐晓芙。唐晓芙说自己是学政治的,这让方鸿渐了解到了一个自己还算内行的话题。因此,方鸿渐对唐晓芙夸赞道:"女人原是天生的政治动物,虚虚实实,以退为进,这些政治手腕,女人生来就全有。女人学政治,那正是以后天发展先天,锦上添花了。我在欧洲，听过 Ernst Bergmann 先生的课。他说男人有思想创造力，女人有社会活动力。所以男人在社会上做的事该让给女人去做，男人好躲在家里从容思想，发明新科学，产生新艺术。我看此话甚有道理，女人不必学政治，而现在的政治家要想成功，都得学女人。政治舞台上的戏剧全是反串。

这一番赞美让方鸿渐在很短的时间内就给唐晓芙留下了极深的印象。

可见，要想与对方融洽关系、增进交往，可以采用在第三者面前或借第三者之口赞美别人的方式。因为这种赞美方式会使被赞美者更加舒坦。

倾听就是最好的赞美

在现实生活中，总有些人以为沟通就是"听我说"。其实，能让谈话顺利进行下去的，并不是会说话的人，而是会倾听的人。有效的沟通应该是双向的，如果大家都在说而没有人听，说话的人只是制造出一些声音而已，根本就不是真正意义上的沟通。

每个人都希望获得别人的尊重，受到别人的重视。当你专心致志地倾听对方的讲话时，对方一定会有一种被尊重和重视的感觉，双方之间的距离也必然会拉近。所以说，倾听是一种礼貌，是对讲话者的尊敬，更是对讲话者的一种最高的赞美，它能使对方在最短的时间内喜欢你、信赖你。

善于倾听别人说话，是谦虚有礼的表现，也是给予别人的最好赞美。没有人希望自己白费唇舌，相反，每一个人都希望自己说话的时候，旁边有人在听。所以耐心听别人说话的人往往会获得人们的接纳。

有一天，美国知名主持人林克莱特要访问一名小朋友。当林克莱特问他"你长大后想要当什么"的时候，小朋友天真地回答："我要当飞机驾驶员！"

林克莱特接着问："如果有一天，你的飞机飞到太平洋上空时，所有的引擎都熄火了，你会怎么办？"

小朋友歪着脑袋想了想，说："我会先告诉坐在飞机上的人绑好安全带，然后我挂上我的降落伞跳下去。"

现场的观众笑得东倒西歪，而林克莱特则继续注视着这个孩子，想看看他是不是自作聪明的家伙。没想到，在观众的笑声里，孩子的两行热泪夺眶而出，这才使得林克莱特发觉这孩子的悲悯之情远非笔墨所能形容。于是林克莱特问他："你为什么要这样做？"

孩子的回答透露出他的真挚的想法："我要去拿燃料，我还要回来！我还要回来！"

在场的观众这下子再也笑不出来了。

同样，当你与人相处时，当你听别人说话时，是否真的听懂了他要表达的意思？如果不懂，就应该听别人说完，不要只听一半，更不要想当然地把自己的意思强加到别人所说的话上，而要等对方把他所要表达的意思表达完整。

设身处地地倾听就是要通过对方的言谈，了解对方的观点、感受和内心世界。要做到这点就要做到用耳朵去倾听，用眼睛去观察，用心去体味，真正领悟他人的感受，同时及时地予以肯定。在倾听的同时还要面对着对方，聚精会神、专心致志地听，并表现出对对方所说的内容很有兴趣的样子。

西方有一句很古老的谚语："倾听是最高的恭维。"英国学者约翰·阿尔代也说："对于真正的交流大师来说，倾听和讲话是相互关联的，就像一块布的经线和纬线一样。当他倾听时，他是站在他同伴的心灵的入口；而当他讲话时，他则邀请他的听众站在通往他自己思想的入口。"从某种意义上来讲，始终挑剔的人，即使是最激烈的批评者，都会在一个忍耐的、同情的倾听者之前变得彬彬有礼。

遗憾的是，多数人在与别人交谈的时候都不注意倾听，他们只关心自己下面要说什么，却不知道要用耳朵来交流。所以他们不能给其他人留下好印象。其实，如果每个人在与别人交谈的时候，都善于倾听而非善于交谈，那么，倾听就可谓是一种最好的赞美方式了，它将和谐人际关系，增进交流者之间的感情。

然而，如果单纯地只是听，也是于事无补的。在日常生活中，有很多人都把听和倾听混为一谈，认为倾听是人一生下来就具备的能力。其实，听主要是对声波振动的获得，倾听则是弄懂所听到的内容的意义，它要求对声音刺激给予注意、解释和记忆，并作出积极的回应，它同时需要倾听者作智力上和情感上的努力，需要提问，需要反馈，需要保持话题，需要分清已说的和未说的，甚至对他人的体态语言也需要加以观察和解读。马修·麦凯和玛莎·戴维斯在他们合著的《如何交流》中说："倾听是一种确认和一种赞美。它确认了你对他人的理解，对他人如何感受、如何看待世界的一种理解。它也是一种赞美，因为它对别人'说'：'我对发生在你身上的一切表示关心，你的生活和你的经历是重要的'。"

　　所以，当你实在不知道怎么赞美对方的时候，或找不到赞美的话题的时候，那么，你就认真倾听，用你全部的心思去听对方说什么，并告诉对方你喜欢听他这样说。当你这样做了之后，你会发现，你已经在无形中给了对方最高的赞美及肯定。

第四章 ▷

忠言未必逆耳

——批评他人的 8 个心理法则

人们常说"良药苦口利于病，忠言逆耳利于行"，长久以来，这也成为许多人奉行的一条准则。但无数事实证明，爱听"逆耳"之言的人少之又少，而爱说"逆耳"之言的人却随处可见。其实，忠言未必要逆耳，会说话的人即便是说批评的话，也会使对方"喜闻乐听"。

法则 1：忠言不必逆耳

《增广贤文》里说："忠言逆耳利于行，良药苦口利于病。"长期以来，这句话使人们有意无意地形成了思维定式——忠言必须要逆耳。其实，良药未必苦口，忠言也不必逆耳，善于批评的批评者，即使批评他人，也能做到"忠言不逆耳"，老少都爱听。所以，你也可以运用一种使对方乐于接受的说话方式来表达你的忠告、批评，做到"忠言不逆耳"。

献忠言是让人改正错误的方式，但忠告也要讲究艺术。比如，在工作中，员工免不了会犯错误，因此，领导要想纠正错误、批评员工一定要注意场合，最好是在没有第三者在场的情况下进行，否则，再温和的批评也有可能伤害对方的自尊心，使对方以为你是有意让他出丑，或者认为你这个人不讲情面，不讲方法，没有涵养，甚至在心里怨恨你动机不善。这样，你批评人、改变人的目的就很难达到。当然，如果必须当众批评人，态度也要特别谨慎，尽量以不伤害他人的自尊心为前提；措辞也要客观、准确、婉转，不能主观判断，不能夸大其词，不要生硬直露，更不要纠缠旧账。

赵先生是一家公司的主管，每当发现有人工作态度欠佳，或者是在生产过程中出了什么差错时，他不会当面严厉地批评对方，而是在下班后把那个人叫到办公室，然后亲切地问他："最近你家里还好吧？在我的印象里，你一直都是严守纪律、工作热情高而且技术不错的人，把工作交给你，我很放心，希望你能再接再厉。"听了他的话，那位职员早已羞红了脸，非常诚恳地跟主管交代原因并道歉，以后再也没有出现过类似的问题。赵先生就是运用这种策略，把他自己负责的车间管理得秩序井然，职员们也严守纪律，自愿为公司效劳。

就像这位聪明的主管一样，很多时候，你根本用不着去训导对方，欲擒而故纵，委婉批评，给批评包上"糖衣"，让对方自己去知错、改错。这样既照顾了对方的面子，又鼓励了对方，还为自己赢得了好名声，可谓一举多得。

当发现对方出现不良苗头，由于某种原因又不便正面对责任者提出批评时，便可通过"点事不点人"或"点单位而不点名"的方式提出警告。这样就可以做到既点出问题，令对方受到震动，又维护对方的面子，给他们改正错误的机会。与这种批评方式有着异曲同工之妙的方式是无声的批评，有时，无声的批评更能起到立竿见影的效果。

有个学生在上课时喜欢讲话，往往惹得老师很不高兴，其他同学也没办法认真听课。有一天，这个学生又在上课时说话并因此与老师发生冲突。课后，老师把他叫到办公室，很冷淡地叫他坐下，然后故意对他爱答不理，很长一段时间都不跟他说话，只是露出不悦甚至是气愤的神情。学生在被冷落的气氛中产生了心理压力，在自我反省中自觉体会到班主任对此事的态度，并开始后悔自己的无礼。等老师打破沉默问他的时候，他的口气软下来，心服口服地认错了。

　　无声胜有声，这位老师有意制造出沉默的气氛使学生自觉感受到老师的不满和责备，从而形成心理压力，并进行自我反省。就这样，这种无声的批评方式微妙而有效地解决了问题。

　　但很多人意识不到的是，一个人说错话或做错事总是有原因的，当他们犯了错时，并非意识不到自己犯了错，只是顽固地不肯承认而已。所以，当你对一个人直率地说"你错了"时，必然会被他的固执所否定。

　　有一位女士用了五百元钱买了一件衣服，她很高兴地拿去给朋友们看。做服装生意的朋友告诉她，那件衣服如果换个地方只用七八十元钱就可以买到。她大吃一惊，意识到自己在价钱上吃了很大的亏。但这位女士却不肯承认自己做了一桩错误的交易，她辩解说："一分钱一分货，贵有贵的价值，你不可能用便宜的价钱买到既有高品质又有艺术品位的东西。"结果，她的朋友以后再也不向她说类似的话了。

　　由此可见，即使对方真的错了，而且你希望他承认并纠正错误，也应该回避"你错了"或类似的词语。你有必要给自己的逆耳之言修饰一番，使对方察觉不到"你错了"这三个字。

　　总之，没有人喜欢听逆耳的话，听到逆耳的话后生出抗拒之心也是很正常的。所以，无论你面对的是什么人，如果你是真心实意地想向对方献上忠言，就要使你所献的忠言不逆耳。你要明白，仅有"为别人好"的善意是远远不够的，还要不说逆耳之言，使你的话变成对方能接受的忠言，否则你的一番好心就会收到相反的效果。

法则 2：批评之前先给个甜枣吃

　　心理学家史金勒通过实验证明，因好行为受到奖赏的动物的学习速度更快，其持久力也更强；因坏行为受到处罚的动物则不论是速度还是持久力都比较差。这个结果也适用于人类：批评不但不会改变现实，反而会招致愤恨。它只能使人采取守势，并为自己的错误竭力辩护，因为批评常常伤害他人的自尊心，以至于激起他的反抗。而当人们听到别人对自己的某些长处表示赞赏之后，再听到他的批评，心里往往会好受得多，所以，当你批评人时，不妨先捧后批，先让对方尝到甜头。

　　某建筑公司承建了费城一座办公大厦，而且指定在某一天必须竣工完成。工程进展得很顺利，这座建筑很快就要完成了。但这时突然出现了一个意外，一家承包了这个工程的装饰材料的承包商不能如期交货，这使得整个工程无法进行下去。如果继续拖延，该建筑公司就得交付巨额的罚款，那可就损失惨重了。

　　然而，建筑公司打了无数个长途电话，进行了无数次交涉，事情没有半点进展。无奈之下，兰迪被派往当地去找那个承包商当面交涉。

　　兰迪走进这位经理的办公室说："你应该知道，你在勃洛克林城中是很有名望的人？"

　　经理听到这句话后感到很惊讶，他很意外地说："不，我不知道。"

　　兰迪就告诉他说："早上我下了火车，查电话簿找你的地址，发现在勃洛克林城里只有你一个人叫这个名字。"

"我从来都没有注意到这个！"经理很感兴趣地把电话簿拿来查看，发现果然如此。他很骄傲地说："是呀，这是个难得的名字，我的祖先原籍是荷兰，来纽约已有200年了。"

接着，他开始谈论他的祖先和他的家世，兰迪见他谈得差不多了，又另外找了个话题，赞赏他有这样大规模的工厂。兰迪说："这是我所见过的铜器工厂中，最整洁也最完美的一家。"

经理说："对了，我花了一生所有的精力来经营这家工厂，有今日的规模，我引以为荣，你愿意参观我的工厂吗？"参观的时候，兰迪连连称赞工厂的组织有系统，还指出哪些地方比别家工厂优良，又称赞了几种特殊的机器。

经理告诉兰迪，那些机器都是他自己发明的。他用了很长的时间来说明机器的使用方法和特点，并坚持请兰迪共进午餐。

餐后，经理的心情很好。兰迪趁机说："我知道你不是故意不如期交货的，一定是出了什么问题对不对？而且我相信这样的问题再也不会出了。"听了兰迪的话，经理笑着说："是出了一点问题，不过现在已经解决了，我保证你们订的货物将会准时运送到你们那里，就算是牺牲了别家的生意，我都愿意。"

用这种先捧后批的批评方式处理问题，不会使对方感到难堪，所以就避免了被批评者因自尊心受到打击而引起的冲突。因为它使被批评者不会产生误会，并感受到对方对自己的认可，使被批评者知道批评是对具体的事而不是对他个人的，自然也就使其放弃了用辩解来维护自尊心的做法。

麦金莱在1896年竞选美国总统时，也曾采用过这种方法。那时，共和党有一位重要人物替麦金莱写了一篇竞选演讲稿，他自以为写得高明，便大声地念给麦金莱听，语调铿锵，声情并茂。

可是，麦金莱听后，却觉得其中的有些观点并不是很妥当，非常容易引起批评的风暴。显然，这篇演讲稿是不能用的。但是，麦金莱把这件事处理得十分巧妙。他说："我的朋友，这是一篇精彩而有力的演讲稿。我感到非常满意。在许多场合中，这些话都可以说是完全正确的。不过用在目前这种特殊的场合，是不是也很合适呢？请你根据我的提示再写一篇演讲稿，然后送给我一份副本，怎么样？"

那个重要人物点头照办了。此后，这个人在竞选活动中成了一名出色的演讲家。

一般而言，这种先捧后批的批评方式都能收到应有的效果，但它的缺点也很明显。有时候，先赞扬再批评会给人一种被操纵的感觉，用意太明显，以至于被批评者根本听不进你的赞扬，他只是想知道，赞扬之后会有什么坏消息降临。所以，聪明人会在批评之后再接上一段赞赏，这样效果无疑会更好。这种两头赞扬、中间批评的方式，很像三明治之类的中间夹馅儿的食品，故称为"三明治"式批评方法。欧美一些企业家就很主张使用这种批评方法，他们在批评别人时，常常先找出对方的长处赞美一番，然后再提出批评意见，而且力图在友好的气氛中结束谈话。

事实上，当你用赞扬结束批评谈话时，人们考虑更多的将是自己的行为，而不是你的态度。尤其是当上司在批评结束时对下属表示鼓励，可以让对方知道，虽然他屡次在某件事上处理不当，然而自己仍然很看重他，还可以让他把这次批评当成是促使他努力的动力。

总之，批评是为了使他人接受你的意见或督促他人改正错误、提高自己、避免损失，而不是为了使他人对你心生怨恨，所以即使在批评他人时，适度的赞美和认同也是必要的，这可以让对方感觉到你对他是尊重的。反之，若是一味强调对方的某项缺失或错误，就很容易让对方感到你是刻意地针对他，因而使其心怀不平。

法则 3：批评要因人而异

高明的医生对不同症状的病人采用不同的诊治方式，甚至对同一症状但病因不同、体质不同的病人也采用不同的诊疗手段，其前提就是对病人进行详细的"望、闻、问、切"。批评也一样，批评者应当像医生给病人看病一样，细心观察和掌握每个对象的性格、气质和认知水平，因人而异地选用恰当的时机与批评的方式，切忌简单粗暴、千篇一律、生硬呆板，否则不仅不能让对方心服口服，消除不良情绪，还会给对方造成心理伤害，使他们产生抗拒心理，反而达不到批评的目的。

在一次化学课上，老师讲完例题后让学生进行自我练习，并且抽几个同学到黑板上去演算。晓梅也被老师抽中，但可能是因为一时还没学会，那道题晓梅费了九牛二虎之力也没有解出来。等到讲解订正时，老师看着晓梅做的题，当时就对她进行了严厉的批评。晓梅是个性格比较内向的女孩，她平时说话都不会大声的，胆小、害羞、文静、自尊心强都是对晓梅最好的概括词，这一顿狠批，让晓梅无地自容,从此,上化学课时,她总是战战兢兢的,本来挺轻松的化学课成了晓梅生命中挥之不去的阴影。多年以后,晓梅回忆起这件事情的时候,她说如果老师能在课下单独找自己谈谈,事情也许就不会是那个样子。

批评是针对人进行的,而人与人之间是千差万别的,所以不能企图用一把钥匙开百把锁,用统一的批评方式去面对有着不同特色的人,而应该因人而异,对症下药。在开展批评工作的过程中,只有在充分考虑批评对象的气质、性格、能力、年龄等不同情况的基础上因势利导,把握好批评的方法,才能使你的批评具有说服力。

一般而言,同样的问题,对不同年龄阶段的人的批评方式是不同的。在开展批评工作之前,你首先要确定其所处的年龄段。对于年龄大一些的人,你不妨应用商榷式的语言;对于年龄相仿的人,由于共同点多一些,你就可以与之自由交谈;对于年龄比自己小的人,你可以用一些开导性的语言使其加深认识,用真心去指导他们,做他们美丽的指路灯塔。同时,批评时还要注意称谓,这样会显得尊重他人,别人也会很认真地接受批评意见。总之,每一个年龄段的人的特点不尽相同,他们的要求也不一样,在选择批评方式的时候要有区别。

此外,针对不同性格的人也要采取不同的批评方式。对于有惰性、依赖性重的人,批评时应措辞尖锐,语调激越。对于自尊心较强的人,批评时要"留一手",使对方慢慢地适应并接受,这样不会出现谈不下去的现象。对于盲目性较大、自我觉悟性差,但易于教育的人,应借助他人的经验说出批评内容,使对方反省。对于善于思考、性格内向、各方面比较成熟的人，批评时最好以提问的方式，对方自然会意识到自己的错误，并逐渐加以改正。对于自暴自弃、性格偏犟、容易激动的人，则应以商讨方式，使其在一种友好的气氛中自然地接受批评意见。

无论如何，要想达到预期的批评效果，就应该结合被批评者自身的性格特点，选择恰当的批评方式。

法则 4：委婉地提醒对方的错误

在日常交往的过程中，要想批评一个人而又不伤感情，甚至让对方感激和喜欢你，最有效的方法是，间接暗示对方，提醒其注意自己犯的错误。这比直接的教训和谩骂要高明许多倍。

有一天，查尔斯·斯科尔特在由他管理的美国钢铁公司的一家钢铁厂检查工作。当时是中午，他走过车间的时候，看见几位工人正在抽烟，而在他们的头上，正好有一块大牌子，上面写着"禁止吸烟"。斯科尔特没有像很多管理者那样走上前去，指着那个大牌子说："难道你们不识字吗？"他是这样做的：他走向那些人，给他们每个人递上一根雪茄，然后说："各位，如果你们可以到外面去抽这些雪茄，我将感激不尽。"工人们立刻意识到自己违反了"不准在车间内抽烟"的规定，同时，他们也更加敬重斯科尔特了。

面对犯错误的工人，斯科尔特不但没有指责，而且给对方送雪茄，间接地向对方暗示了其不当之处，这比直接斥责要有效得多。通常，当面指责他人，哪怕对方确实是做错了，也往往会招致对方顽强的反抗，而巧妙地暗示对方注意自己的错误，则会受到对方的爱戴和喜欢。

沃尔玛连锁集团创始人——山姆·沃尔顿每天都会到他的大商店去看一看。一次，他在商店内走动的时候，看见一名顾客站在柜台前等待，却没有一位服务员对她稍加注意。沃尔顿找来找去，才发现那些服务员正在商店的角落里挤成一堆，嘻嘻哈哈地说笑。沃尔顿一句话也没有说，只是默默地走到柜台后面，亲自招呼那位女顾客，并把她购买的货品交给服务员包装，然后他就走开了。那些服务员看到他来了，本以为自己会被痛骂，没想到他不仅一句话都没有说，还亲自招呼顾客，便很不好意思地各就各位。从此以后，这样的事情再也没有发生过。

很多时候，你委婉地暗示对方，让对方自己体会的批评效果要比你苦口婆心的说教好得多。所以，人们主张在开始批评别人之前，先要真诚地赞美对方，然后一定要接一句"可是"，再开始批评。比如，一位公司老总对一位工作时心不在焉的员工说："你这段时间的工作做得不错，可见你是做出了很多努力的，可是，如果你能更努力一点的话就更好了。"当员工听到"可是"之前的内容时，会感到很高兴；而听到"可是"之后的内容时，可能会立刻怀疑老总赞扬的可信度，他会以为这个赞扬只是为了批评他失败而事先铺设好了的一条引线。要解决这个问题实际上很简单，只要把"可是"换成"而且"就会大有不同，如"你这段时间的工作做得不错，可见你是做出了很多努力的，而且只要你继续努力，你的业绩一定会比别人的好，希望你再接再厉。"这样员工就可以满心欢喜地接受这个赞扬，并尽力为这个期望奋斗，因为老总的赞扬后面没有什么失败的推论在等着自己，而且老总也认可了自己的努力。

很多时候，粗暴的责备并不能解决问题，而利用委婉的批评来使他人改掉毛病，则能收到事半功倍的效果。实际上，"糖衣"裹着的批评比严厉的批评更有效，一个善于交际的人在面对这种情况的时候，往往会把"良药"裹上糖衣再抛给对方，使对方开开心心地接受。可见，要想批评、忠告别人，使其改正所犯的错误，同时又不伤害对方的情感和自尊心，你必须学会的就是，委婉地提醒对方的错误。

法则 5：批评他人前可以先谈自己的错误

卡内基曾有一位年轻秘书。那时她才 19 岁，高中毕业刚 3 年，几乎没有任何工作经验。她在工作中经常出错，让卡内基很不满意，所以，他常常为此严厉地批评她。但是，这种批评的效果并不明显，卡内基的严厉有时候甚至让双方都很不愉快。有一天，当卡内基又要因为某事批评她的时候，忽然想起自己年轻的时候也很不成熟，做事情的时候常常把事情弄砸。从这个角度来说，这个 19 岁的年轻秘书的能力，比自己那时可要强多了。他想，自己的年纪比秘书大一倍，经验也比她多一万倍，自然会有她没有的观点、判断力和精力——虽然这些都是很平凡的，但是自己不应该拿对待自己的标准来要求秘书，这是不公平的。

后来，他这样跟自己的秘书说："你做错了一件事，不过，我像你这么大的时候所做的许多错事比这更糟糕。人们不是天生就具有判断力，那只能从经验中得来。我自己也曾犯过许多愚蠢的错误，所以我不愿意批评你或任何人。如果你能换种方法去做事的话，效果可能会更好。"

年轻女秘书很好奇地看着他，然后认真地向卡内基请教自己应该怎么做。最后，她成了苏伊士运河以西最称职的秘书。

人们总是比较容易接受那些善于自我批评的人，如果你在批评对方的时候，能从一开始就先谦逊地承认自己也不是无可指责的，然后再指出别人的错误，效果就会好得多。

法则 7：对事不对人，批评不伤人

有一位顾客买了一件衣服，当时并没有试穿，回家之后才发现衣服有个破洞，使得自己根本就没有办法穿。于是，他拿到店里去换。他对店员说："你好，我在这儿买了一件衣服，回家后发现没办法穿，你看。"

店主满脸微笑地从另一面走过来，和蔼地说："没问题，我们马上就给您换。"他一面叫店员去更换衣服，一面对顾客说："请您稍等一下。"

顾客拿着换好的衣服，很客气地说："谢谢你们，你们的服务态度真好，真会做生意。"

店员在旁边一想，觉得有必要提醒一下这位顾客下次买东西的时候一定要看清楚。于是，当顾客正要走出店门的时候，店员叫住了他，说："你等一下，我告诉你，下次买衣服的时候一定要看清楚，本来我们店里的衣服是概不退换的，你今天运气好，正赶上老板高兴，以后可没有这种好事了。要是我们天天为顾客换衣服，我们的生意也就别做了。谁知道这件衣服是不是你穿的时候剐破的？"

这位顾客本来很感激他们，这回可生气了，他大声嚷道："你什么意思？你当我是喜欢贪小便宜的人啊？你以为我愿意浪费时间再跑一趟啊？你们卖了东西就不认账，还想不想做生意？"

在这次争吵中，店员本想提醒顾客下次买东西的时候一定要看仔细，但他的话使顾客感觉到他是在针对自己的为人，因此，这位店员不仅失去了一位顾客，还有可能失去更多的潜在顾客，甚至因此被店主认为是不受欢迎的人而扫地出门。由此可知，说话的时候一定要对事不对人，切不可说出有损对方人格的话。

但遗憾的是，很多人出于好心，在批评对方或给对方提建议时，总是口不择言，态度蛮横，为达到目的甚至不惜对对方的人格大加攻击。本来他们是一番好意，想使对方做得更好，但这样不尊重对方人格的批评方式带来的后果是，你的"忠言"并没有被对方所接受，反而使对方产生反感甚至让你追悔莫及。

其实，"人非圣贤，孰能无过？"在这个世界上，没有人不会犯错误，而你的批评是否是"成功"的，很大程度上决定于你采取的态度，态度真诚、合理适用的建言大多能被对方所接受。

所以，批评时，一定要针对事情本身，而不要针对人。谁都会做错事，错的只是行为本身，而不是某个人。如果人、事不分，常常连讽刺带挖苦，甚至训斥谩骂，把他以前所做过的错事也一起提出来，并武断地说他不好，就会适得其反。因为这次所做的错事与以前的错事根本无关，与他本人的品德也没有关系，如果硬是要把它们牵扯进来，对方就会觉得你是在报复他以前所犯的错误，那么，对方就会产生逆反心理。因此，只有把人与事分开，只对事不对人，让对方明白你否定的是他的不良行为，而不是他本人，对方才会心悦诚服地接受批评意见。

此外，当你批评的时候，必须告诉他怎么做才是正确的，而不要只是"指手画脚"。你需要让他明白：你不是想追究谁的责任，只是想解决问题，而且你有能力解决。

法则8：批评也可以悦耳动听

在一般人看来，批评必定是严厉苛刻的，是"苦"的，而且因为"苦"，被批评的人还会屡屡产生抵触情绪，使批评的效果大打折扣，但聪明人总能把批评意见说得悦耳动听。

有一次，几个属鼠的男同学在期中考试中考了满分，就有点飘飘然。他们的班主任发现了，就对他们说："怎么，得意了？你们知道得意意味着什么吗？请注意今天下午的班会。"那几个学生猜想：糟了！在下午的班会上，等待我们的准是狂风暴雨！

令他们没想到的是，在班会上，班主任的批评令他们听后又开心又惭愧："林子大了什么鸟儿都有，自然，天下大了就什么老鼠都有。我就听说过这么一个故事。有只小老鼠外出旅游，恰好遇见两个孩子在下兽棋，小老鼠就悄悄地看，并发现了一个秘密：尽管兽棋中的老鼠可以被猫吃掉，被狼吃掉，被虎吃掉，却可以战胜大象，于是它立刻认定，自己才是真正的百兽之王！这么一想，小老鼠就得意起来了，从此瞧不起猫，看不起狗，甚至敢拿狼寻开心。有一天，它大摇大摆地爬到老虎的背上，恰好老虎正在打瞌睡，懒得动，只是抖了抖身子。小老鼠以为老虎怕它，就更加得意了。它还趁着黑夜钻进了大象的鼻子里，大象觉得鼻子痒痒的，就打了个喷嚏，小老鼠立刻像出膛炮弹似地飞了出去，好半天，它才'扑通'一声掉在臭水坑里。好，现在就请大家注意一下，'臭'字怎么写？'自'、'大'再加一点就是'臭'。有趣的是，今年正好是鼠年，咱们班有不少属鼠的同学，那么，这些'小老鼠'们会不会也掉到臭水坑里呢？我想不会，但必须有一个条件，这就是永不骄傲！"说到这里，这位班主任还特意看了看那几个男同学。那几个男同学当然明白，老师的批评全包含在那个有趣的故事中了。他们挺感激老师，并很快改正了自己的缺点。

这位老师的批评方式很具有艺术性，他把批评用生动的故事委婉道出，不但使学生们心领神会，而且不伤其自尊，使其愉快地接受，这样批评的目的也就达到了。还有一位老总更幽默，他的批评也使人受益匪浅。

那是在月末业绩总结之后，他发现公司里女同事的业绩普遍比男同事好，就在月底总结会上给员工们讲了个故事："昨天我做了个梦，梦见一个白胡子老头问我，来生当男人还是当女人。我就回了一句，说我要当女人。老头问我原因，我就说，男人与女人下棋时，要是女人赢了，她就会立刻被大伙称为女才子，要是输了，人们也不会责怪她；可男人就惨了，要是他赢了，肯定没人说他是男才子，可要是输了，人们就立刻说他是个大草包。"听到这个奇怪的梦，大家全都笑出了声。而他也就从从容容地接着说："不过今天我不说梦，而是要表扬咱们公司的女同事。因为她们做得好，超过了男同事！同时，我也要表扬男同事，因为他们发扬了谦虚的精神，将荣誉让给了女同事！"哄的一声，大家又一次快活地笑了！女同事们笑，是因为老总在夸她们；男同事们笑，则是因为老总的笑谈是对自己的一个极巧妙的批评！

要想使自己的批评为人所接受，使自己的语言生动起来，使自己的表达委婉一点是必不可少的。另外，每个人最怕的都是莫名其妙地被人家"否定"，若是重复多遍，则一定会使人反感。所以，即使你的意见很正确，同样的批评也不可重复进行。因为对一个人在一件事情上犯的错进行重复多次的批评，无异于是在最大限度地挫伤他的自尊心，弄不好还会使其产生逆反心理，最终也达不到批评的目的。所以，为了更好地沟通，避免重复批评也是非常必要的。

此外，要想使自己的批评为人所接受，还要注意以下一些问题。

（1）勿指责他人的弱点。

没有人喜欢听对方指责自己的弱点。当别人指责自己的弱点时，就会感到犹如短刀插心般的痛苦。例如，在个子矮的女性面前说"你是个矮冬瓜"，对学历低的人说"学历太低的人真没有用"等都是不适当的话，所以，就算是事实也该避免触及他人的短处。

（2）不要忽视人性。

"你是骗子""你太没有信用"等话也会伤害对方的自尊心。其实，只要评论事实即可，即使是对方没有信用，也不能当面斥责。

（3）不要否定对方的将来。

"你这人以后不会有多大出息""你这样做没有人敢娶你"之类的话说出来之后不但于事无补，还有可能使对方对你产生戒备之心。所以，批评时要以事实为根据，就事说事，不要否定对方的将来。

（4）不要干涉私人事情。

这样的情况一般发生在上下级之间。虽说公司生活和个人生活有很大关联，但是许多人不愿意别人干涉自己的个人生活。所以，诸如"你只知打麻将，当然会发生那种错误""晚上玩得太过分了""你和那个女孩子做朋友不好""你的家庭名声不佳，首先要从家庭整顿做起，怎么样"之类的私人问题应该避免谈及，否则只会引起对方的反感，使得自己的批评完全无效，甚至起到相反的作用。

第五章

假"说"真时真亦假

——看准上司的心理再说话

在职场中，如何与上司说话、怎样与上司沟通是一种技巧，也是一门艺术。要知道，上司也是普通人，也喜欢听顺耳的话，更喜欢有能力又会说话的员工，所以永远不要说上司不喜欢听的话，除非你愿意被无情地扫地出门。要想成为上司眼中的红人，要想成为职场中的"常青树"，与上司的沟通技巧不可不知，不可不学。

与上司沟通的语言技巧

现代职场中，随时与上司保持及时有效的沟通是至关重要的，这就需要你有较强的语言表达能力。但有些员工总觉得"伴君如伴虎"，上司永远是不可捉摸的，因此就缩手缩脚，如履薄冰。其实，只要你掌握了与上司沟通的语言技巧，与上司和谐相处就不再是难事。事实上，一个会说话的员工不但在职场中受欢迎，而且在其他任何地方也都是受欢迎的。

（1）不替上司做决定。

《三国演义》里有这样一个例子：操屯兵日久，欲要进兵，又被马超拒守，欲收兵回，又恐被蜀兵耻笑，心中犹豫不决。适庖官进鸡汤，操见碗中有鸡肋，因而有感于怀。正沉吟间，夏侯惇入帐，禀请夜间口号。操随口曰："鸡肋，鸡肋。"惇传令众官，都称"鸡肋"。行军主簿杨修见传"鸡肋"二字，便教随行军士各收拾行装，准备归程。有人报知夏侯惇。惇大惊，遂请杨修至营中，问曰："公何收拾行装？"修曰："以今夜号令，便知魏王不日将退兵归也。鸡肋者，食之无肉，弃之有味。今进不能胜，退恐人笑，在此无益，不如早归。来日魏王必班师矣，故先收拾行装，免得临行慌乱。"夏侯惇曰："公真知魏王肺腑也。"遂亦收拾行装。于是寨中诸将无不准备归计。当夜曹操心乱，不能稳睡，遂手提钢斧，绕寨私行，只见夏侯惇寨内军士各准备行装。操大惊，急回帐，召惇，问其故。惇曰："主簿杨德祖先知大王欲归之意。"操唤杨修问之，修以鸡肋之意对。

操大怒曰："汝怎敢造言，乱我军心？"喝刀斧手推出斩之，将首级号令于辕门外。

其实，曹操以"鸡肋"为口号只是因为他有点犹豫不决，但他并没有下令退兵，而杨修自以为洞察了上司的真实意图，就自作主张，置领导权威于不顾，并因此扰乱了军心。这至少说明这样一个事实，任何时候，上司的权威都是不容侵犯的，那些以自己的看法、想法来替代上司指令的人，其结果只能是聪明反被聪明误。尤其是作为企业的行政人员，在传达上司的指令时，不但要把握好说话的时机与场合，更应该从上司所处的实际环境、发出指令的背景出发，来领会其真实的意图。

（2）不与上司开黑色玩笑。

很多人以为与上司说话的时候开个玩笑有助于活跃气氛，自己也会因此在上司心目中留下个好印象。这种看法本是无可厚非的，但千万不要与上司开黑色玩笑，尽管它只是一个玩笑而已，却是你不能碰的"炸弹"。

小白是某公司的员工。她是个聪明的女孩，脑子转得快，言辞犀利，极具幽默细胞，是公司的一颗"开心果"，她在工作上也表现得很出色。可是这么优秀的小白在公司里却得不到上司的青睐，这让她很是不快。

小白工作相当努力，有时为了赶时间，一大清早就去联系客户。当她疲惫不堪地回到办公室时，上司不但不体谅她，反而不分青红皂白地说她迟到、旷工，不管小白怎样解释都不行。小白委屈极了。这时，有经验的同事问她："你是不是在平时说话的时候对老板有不敬之处啊？"

　　这一问使小白想起了以前的事情。自己平时爱开玩笑，与同事也不例外。后来，她看到上司斯斯文文的，对员工总是笑眯眯的，她的胆子渐渐大了起来，就开起了上司的玩笑。有一天，上司穿了一身新衣服来上班，只是颜色有点怪怪的：灰西装、灰衬衫、灰裤子、灰领带。小白一见到上司就夸张地大叫一声："老板，今天穿新衣服了！"上司听了很高兴，但让他没想到的是，小白接着说了一句自己十分不爱听的话："像只灰耗子！"上司当时就变了脸色，但由于员工们都在场，自己也不好发作，就默不作声地进了自己的办公室。

　　类似的事情发生了几次之后，上司对小白就有些不冷不热，常常不与小白接触，有什么重要的事情也会让别的员工去做。对此，小白并没有放在心上，这次同事的提醒才使她意识到事情的严重性，但为时已晚。

　　适度地开玩笑确实可以拉近自己与上司间的距离，也能缓和紧张的人际关系，但是，如果开得过大，就有攻击人身的嫌疑，会让上司感觉到自己的尊严受到了挑战，这时的玩笑就是黑色玩笑了。它对人际关系的破坏力相当大，会使你即使才能出众也得不到重用。

　　（3）汇报工作也要注意技巧。

　　汇报工作时，首先要理清思路，要明白自己想要说的是什么，以及所说事项的先后、轻重顺序，那种让人不知所云的做法是不可取的。

　　其次，汇报工作也是有重点的，要突出重点，挑最重要的事项来说。

　　再次，上司的时间你是不好随便浪费的，汇报工作的时候要删繁就简、言简意赅，不要重复啰唆。

最后，还要恭敬地请上司点评。在汇报完工作之后，千万不要忘记让上司评价一番，指出自己的成绩和不足之处，并作出下一步工作的安排。这样一来可以满足上司的领导欲望，以显示其权威，二来又能给上司留下一个谦逊、勤奋的好印象。

要懂得迎合上司的心理

著名口才大师卡内基说："即使你喜欢吃香蕉、三明治，但是你不能用这些东西去钓鱼，因为鱼并不喜欢它们。你想钓到鱼，必须下鱼饵才行。"

要与上司和平相处，并得到上司的重用，化解自己的危机，就要彻底了解对方的所"好"，真正做到迎合对方，投其所好。

袁世凯自从窃取了中华民国临时大总统的权力后，天天做着皇帝梦。有一次，他在大白天睡觉，一位侍婢正好端来参汤准备给他进补，谁知侍婢一不小心将玉碗打翻在地。

这只玉碗是袁世凯在朝鲜王宫获得的稀世珍宝，过去连太后老佛爷他也不愿拿出来孝敬，现在竟被侍婢摔为碎片，这"弥天大罪"是无论如何也逃脱不了的。侍婢自知闯了大祸，吓得脸色苍白、浑身打战。

正当她惶恐不安、唯思自尽之时，袁世凯被惊醒了，他一看见玉碗被打得粉碎，气得脸色发紫，大吼道："今天俺非要你的命不可！"

侍婢灵机一动，连忙哭诉道："不是小人之过，有下情不敢上达。"

袁世凯骂道："你说，看你能编出什么鬼话！"

侍婢道："小人端着参汤进来时，看见床上躺着的不是大总统。"

袁世凯怒喝："你这个混账东西，床上不是俺，能是谁？"

侍婢故意大声哭道："小人不敢说，真的很怕人！"

袁世凯一下子爬起来道："你再不说，瞧俺杀了你！"

侍婢连忙下跪道："我说，床上……床上……床上躺着的是一条五爪大金龙！"

这话一下子就说到袁世凯心坎上了。袁世凯一听，大喜过望，真的以为这是天意，自己是真龙转世，当皇帝的美梦可以实现了。想到此，一股喜流从心中涌起，他怒气全消，喜不自禁地拿出一沓钞票为侍婢压惊。至此，侍婢靠她的智慧转危为安。

一般而言，当人们的意见、观点一致时，彼此就会相互肯定，反之，就会相互否定。所以，那些人际关系高手在与上司沟通之前总是先细细揣摩他的喜好，然后尽量迎合他，满足他的欲望，他们甚至能够抢先一步，将上司想说而未说的话先说了、想办的而未办的事先办了，表现出极大的主动性，因此，他们自然也是最被上司赏识的人。

封伦本来是隋朝的大臣，隋朝开国不久，隋文帝命令宰相杨素负责修建宫殿，杨素任命封伦为土木监，并将整个工程全交给他主持。封伦不惜民力，穷奢极侈，将一所宫殿修得豪华无比。一向以节俭自诩的隋文帝一见到宫殿不由得大怒，骂道："杨素这老东西存心不良，耗费了大量的人力物力，将宫殿修得这么华丽，这不是存心让老百姓骂我吗？"

杨素害怕因这件事而丢了乌纱帽，忙找封伦商量对策。封伦却胸有成竹地安慰杨素道："别着急，等皇后一来，必定会对你大加褒奖。"

第二天，杨素被召入新宫殿，皇后独孤氏果然夸赞他道："爱卿知道我们夫妻年纪大了，也没什么开心的事了，所以下工夫将这所宫殿装饰了一番，这种忠心真令我感动！"

封伦的话果然应验了。杨素对他的料事如神感到很惊异，从宫里回来后便问他："你怎么会知道这一点的？"

封伦不慌不忙地说："皇上自然是天性节俭，所以一见到这宫殿便会发脾气，可他事事都听皇后的，而皇后是个妇道人家，什么事都贪图个华贵漂亮，只要皇后一喜欢，皇帝的意见也必然会改变，所以我估计不会出问题。"

虽说杨素也算得上是个老谋深算的人物了，但他对此也不能不叹服道："揣摩之才，不是我所能比得上的！"从此，他对封伦另眼看待，并多次指着宰相的交椅说："封郎必定会占据我这个位置！"

可是，还没等封伦爬上宰相的位置，隋朝便灭亡了，他归顺了唐朝。

有一次，他随唐高祖李渊出游，途经秦始皇的墓地。这座连绵数十里、地上地下建筑极为宏伟、墓中随葬珍宝极为丰富的著名陵园，经过楚汉战争之后，已被破坏殆尽，只剩下了残砖碎瓦。李渊不禁十分感慨，对封伦说："古代帝王，耗尽国家的人力财力，大肆营建陵园，有什么益处？"

封伦一听这话就明白李渊是不赞同厚葬的，所以迎合李渊说："上行下效影响了一代又一代的风气。自秦汉两朝帝王实行厚葬，朝中百官、黎民百姓竞相仿效，以至于凡是里面埋藏有众多珍宝的古代坟墓，都很快被人盗掘。若是人死而无知，厚葬全都是白白浪费；若人死而有知，被人挖掘，难道不痛心吗？"

李渊听后忍不住称赞他说得好，并宣布："从今以后，自上至下，全都实行薄葬！"

可见，要想在职场上获得上司的赏识，除了将本职工作做好外，还要了解上司的心理、禀性、好恶，更要了解他所处的环境及人事关系，这样，你不仅能做到先行一步，还能做到棋高一着。

不能说的话就一定不说

上司通常掌握着你在职场上的"生杀大权"，如果你在上司面前说了他不喜欢听的话，虽然不至于掉脑袋，但后果也会很严重。即使你兢兢业业，像牛马那样工作，你也得不到上司的青睐。

上司毕竟不像同级别的同事，就算是同级别的同事之间来往也应该注意分寸，说话时绝对不能无所顾忌。因此，与上司相处时，尤其在交谈或者汇报情况的时候更应该注意。有些话可能会让上司感觉到很不愉快，一定要尽量避免使用。

（1）态度嚣张地对上司说："怎么回事？我这样没关系吧！"

这句话在上司听来，就是对他的极大的不尊重，这样下去，你迟早要在他手里吃亏。

（2）对上司的问题回答："行吧。哦，知道了！"

这句话会让上司认为你感情冷漠，一点礼节都不懂，自然也不会很看重你。

（3）过分的客气反而会招致误解。

虽说和上司说话的时候一定要小心谨慎,学会顾全大局,但也不能顾虑过多,以至于满口官腔,或者唯唯诺诺,否则结果就会适得其反。有时候,你越是谨慎小心,反而越容易出错,也很容易被上司误认为你这个人办事能力一般、没有魄力,很难得到重用。所以,与上司面对面交流的时候,要以平常心去对待。

(4)急躁地对上司说:"您根本就不清楚这件事情的来龙去脉!"

即使是对要好的朋友说出这样的话,也会给对方造成很大的伤害,对上司说这样的话就更加差劲了,这会让上司以为自己在你眼里什么都不是。

(5)当上司做出了什么成绩或帮了你什么忙的时候,对上司说:"有劳你了!"

这句话本来应该是上司对下属表示慰问或者犒劳时说的,作为下属的你如果对上司这样说,会让对方觉得你自以为高他一等,根本就没把他放在眼里,这对你自然是极为不妙的。

(6)与上司 起出去的时候,不经意地说:"哎,太晚了!"

这句话很容易传达给上司你嫌他的动作太慢以至于快要误事的信息。在上司听来,即使你说得再委婉,其中也会有"为什么不早点"的责备意味,所以,与上司说话的时候这是要极力避免的。

(7)对上司说:"这件事啊,太难了! 不好办!"

上司分配工作任务下来,而你却说"太难了,不好办",这会使上司没法下台,他会觉得你在推卸责任,而且你这样说也就等于拒绝了上司的要求,会让他感觉你在挑战他的权威。

(8)对上司说:"您的做法真让我感动!"

"感动"这个词通常用在上司对下属的谈话中,例如,在检查工作的时候，如果下属的工作做得很出色，上司就会说："你们工作认真、不怕吃苦、成绩优异，我很感动！"所以，如果下属对上司说话的时候用"感动"这个词，就显得很不合适。即使上司对你有好感，也会随着这句话的出口而烟消云散。另外，夸奖上司的时候你应该说"佩服"，比如"某某经理，我很佩服您的果断和处事能力"，这就很符合双方的地位，对方听起来也会感觉愉快。

（9）对上司说："今天我的状态不好。"

无论是什么原因，你对上司说出这样的话，上司的第一反应就是：你是个不成熟的人。所以，如果你真的状态不好，就应该缩在角落里，不要引起别人的注意。即便上司问起来，也不要闪烁其词。

（10）进入一家新公司的时候，对新上司说："我和我以前的上司关系不好。"

当你谈起以前所在公司的情况的时候，说这样的话是最愚蠢的，这只会使你的新上司对你产生防范之心，甚至找机会把你扫地出门。因为你与以前的上司关系不好，谁能保证责任不在你呢？所以，无论何时你都要记住：尽量不要和新上司谈到自己和以前的上司关系不好。

当然，与上司说话时的忌讳有许多，这里只是选取其中的一部分。最重要的还是自己要"眼观六路，耳听八方"。古语说得好："世事洞明皆学问，人情练达即文章"，在处世中，一定要摸清上司的好恶，不能说的话就不要说出口。

在上司面前说话，不妨守点"拙"。

老子说过一句话："不自见，故明；不自是，故彰；不自伐，故有功；不自矜，故长。"正所谓"枪打出头鸟"，表现得太强势的人，往往会成为众人攻击的对象。所以，作为一个有才华的员工，尤其是在上司面前，只有做到不露锋芒，才能有效地保护自我，同时使自己充分地发挥自己的才华。相反，如果你不知自保，只会盲目自大，为人处世咄咄逼人，那么你迟早会成为上司无情打压的对象，因为没有人喜欢自己身边埋着一颗随时都会"爆炸"的"定时炸弹"。

　　小波在一家快递公司做业务员。记得他刚来公司上班的第一天，就曾经对上司说："不想当将军的士兵不是好士兵！我来这里工作一定要好好表现，争取做个人事经理！"上司听后笑眯眯的，什么话都没有说。

　　在接下来的三个月的试用期里，小波非常努力。有时同事喊他出去放松放松，小波就会说："你们去玩吧，我将来要做人事经理，怎么能这么放松自己呢？"同事每次听到他如此说都表现出不屑一顾的样子，而小波却告诉自己："哼，有什么了不起！将来我就是人事经理！"

　　让小波没想到的是，就是因为他太嚣张了，不久之后，公司的人事经理就开始经常找他的毛病。小波想："他不会是担心我把他的职位抢了吧？"为了给人事经理一个下马威，幼稚的小波对他正色说："刚来这里的时候，我还真想做个人事经理，但是现在我改变主意了！我将来要自己开快递公司，不就是客户吗？只要能拥有大量的客户，我一样可以做老板！"

　　小波说这话的时候并没有把它放在心上，但他的这番话却给自己惹来了麻烦，上司很快就知道了这件事。他主动找小波谈话，小波当时没有听出来上司的话对自己将有怎样的影响，就没有否认，并告诉上司："我觉得做快递业务最关键的是客户，有了客户才能有业绩，而我们业务员做的工作就是不断开发新客户！"

　　小波这么说无非是想让上司明白做业务的重要性，但上司想偏了。其实，换位思考一下，无论谁是上司，都会想偏的。

　　一个月后，小波所在的公司进行了人事调整，因为自己的一时逞能，小波被辞退了。为了避免客户流失，余下的业务员出去做业务的时候一律不许留个人的联系方式，而只能留公司的联系方式。事实上，这个时候小波并没有掌握公司的客户资源，第一是他干的时间还不长，第二是他根本就没有想到要这么做，但一切都迟了。

　　事实上，几乎每个职场中的人都曾经有过自己做老板独立门户的想法，但很多人并不说出来。而那些偏激的人却喜欢说出来，使得他们的上司觉得这个员工的想法很多，说不准哪天就将自己的业务归为己有。可以说，没有一个上司愿意自己的身边有这么一只凶猛的"老虎"。

　　中国有一句成语叫作"锋芒毕露"，锋芒本意是刀剑的尖端，后人将之比成一个人的聪明才干。为人处世需要有锋芒，如果一味地甘做陪衬、不思进取只能一事无成，所以有锋芒是好事，是事业成功的基础。但是物极必反，过分外露自己的聪明才华，很多时候只会导致自己的失败，所以展露才华时要小心翼翼。

　　聪明的人从来都是低调而内敛的，他们从不自恃有才而骄傲自大、目中无人。俗话说："人心隔肚皮，虎心隔毛衣。"在人际交往中，即使你真有满腹才华，也千万别处处都想显示出你比别人聪明。特别是当你发现自己的才能的确在你的上司之上时，使用这一策略尤其要慎重。如果你表现得比他聪明，就等于否定了他的智慧和判断力，打击了他的自尊心。所以，当你完全有能力超越上司的时候，也要守拙，不要显示出你比他更聪明。这就是中国人常说的"守拙"，它既是掩饰自己、保护自己的一种有效方式，更是使自己积蓄力量、等候时机的人生韬略。

总之，一个人若毫无锋芒，就无异于扶不起来的"阿斗"，但是过分地展露锋芒就会刺伤别人，伤害自己。所以在与上司交往时，不妨守点"拙"，低调一点，以保护自己和他人。

机智应对，赢得好感

在与上司相处的过程中难免会发生各种各样的意外情况，此时就需要你机智应对。通常情况下，在发生意外的时候，仍然能够处之泰然，并能不为外界条件所限，机智灵活地解决问题的人大多能为对方所认可。

圆智是清代乾隆年间宁波天童寺的住持。虽然他没有点化之术，却颇有应变之才。

一次，乾隆皇帝只身微服南下，来到宁波后，便独自来到天童寺。圆智躬身对乾隆轻声道："小僧天童寺住持圆智接驾来迟，万望恕罪。"

乾隆听说这个人就是圆智，想给他来一个"下马威"，于是，马上把脸一沉，厉声问道："你既然已经知道朕来到这里，为什么不率领众僧，大开山门，跪接圣驾？你这轻轻一揖，莫非有意亵渎圣上？你该当何罪？"

圆智从容不迫地回答道："小僧岂敢亵渎圣上，只因这次圣上南巡，乃是微服私访。小僧恐引起游人瞩目，有碍圣上安康，不敢劳师动众，故小僧一个人悄悄在此相迎。"

乾隆听他说得入情入理，只好说："那好吧，就恕你无罪，前面带路便是。"

一路上，乾隆说道："大和尚，今日朕躬上山，你能不能把朕比上一比？"

圆智闻言，暗自思忖："这可不好比。要比得不好，全寺恐怕都会遭受灭顶之灾。"但他灵机一动，马上就笑着说："万岁爷上山，可有一比：如比佛爷带你登天，一步更比一步高！"乾隆一听，心里很不高兴：圆智自比佛爷，上风被他占了，可又无可指责。

乾隆离寺时，圆智送他下山。当走到山腰时，乾隆想起了上山时发生的事，就又想难一难圆智，便说："我上山时，你说我是一步更比一步高，现在我下山了，你可怎样说呢？"乾隆说完，得意地瞅着圆智，心里想：上山是爬高，好比；下山是落低，我看你现在怎么个比法！

不料圆智略加思索，便从容地答道："如今又好比如来佛带万岁下山，后头更比前头高啊！"

乾隆听罢，不禁对圆智的聪明机智产生一股敬佩之情。

不仅与上司在日常相处中需要智慧，当上司犯了错误而陷入危机的时候，更需要你随机应变，解上司的燃眉之急。"人非圣贤，孰能无过"，任何一个人都有可能犯错误，你的上司也是人，他也会犯错误。上司说错了话、做错了事，作为下属的你要马上补台。而那些机灵的、会说话的下属，也格外容易得到上司的提拔。

小赵是一家律师事务所的实习律师，他的上司在业内算得上小有名气。有一次，他们接下了一个案子，对方聘请了一位比较厉害的律师做顾问，谈话中那位律师咄咄逼人，态度嚣张。小赵的上司因为顾及身份，不好与他发生正面冲突。小赵看出上司很为难，于是灵机一动，立即调整了自己预先制定好的应对策略。他瞄准时机，抓住那位律师的漏洞连连发问，把那位律师问得哑口无言，他没想到会遇上这样的"初生牛犊"，觉得很没面子。

事后，小赵的上司虽然埋怨小赵，说他年轻气盛，没有处世经验，但心里却是满意的。他认为小赵聪明机灵，应对突发事件的能力很强，而且给自己争回了面子，又不需要他自己出面得罪人。所以，从此以后，上司常常将小赵带在身边，专门对付这种故意找茬、伤他面子的人。

很多时候，你是否能获得上司对你的好感，往往就在于你是否能够随机应变。在复杂多变的现代职场，如果不知变通，就会白白丧失很多机会。凡事都有许多影响因素，只要把握住有利条件和机会，选择恰当的方式，你就能在上司心中占有一席之地。

迂回战术比单刀直入好

很多时候，迂回战术要比单刀直入更有优势。著名战略家克罗莫斯曾在《战略术》一书中高度评价了迂回战术。他说："无论是在政治、经济还是国际关系中，迂回战术都明显要比直接攻击高出一筹。因为直接攻击只会激怒敌方，从而引起更加强大的反抗。迂回则不同，它不知不觉地使形势转变到有利于自己的一方。在商业竞争中，讨价还价也比直接求购强得多。"这种迂回战术在职场中同样适用。

职场中，上司与下属之间的关系十分微妙，在交流上也会有许多限制，比如，因为地位和职务的不同，很多上司比较看重自己的权威。那些经常触犯上司权威的下属，往往不会得到上司的青睐。这时候，善于委婉地表达自己的意愿就显得十分重要。

高岛武夫是日本一家四星级饭店的经理，他的前任因为直接反对董事长及夫人干政而被解职。这使他明白自己不能直接反驳上司的意见，更不能直接抗议董事长及夫人的干政，否则他就会有和前任同样的下场。于是，接任经理之职后，他就利用董事长及夫人乐于干政的心理，事无巨细都向他们请示，甚至连每日菜价的变动及每日进多少货这些小事情，他也要打电话请示。至于各种会议，他一定会向两人发出邀请，要他们在会上做出指示。这样一来，董事长和夫人整天忙于处理琐事和应酬中，甚至连睡个安稳觉都不可能。终于有一天，忍无可忍的董事长在电话里告诉高岛武夫不要再来烦他，有什么事自己看着办。就这样，高岛武夫终于改掉了董事长干政的坏毛病，自己也稳稳当当地坐在了总经理的宝座上。看来，他确实比前任高明得多。

人的本性是不喜欢被人改变的，所以想要改变一个人的看法和行为方式往往会很困难，但如果你能用适当的方式使你的上司意识到那样做的好处，那么，不用你说，你的上司也会自动做出某些调整，这比据理力争更能使你实现自己的目标。

小颜是一家公司的秘书。有一天，上司递给他一封信，告诉他一定要将信发出去，并生气地说："姓林的那个混蛋，我把他好好地骂了一通！"

小颜一听，就知道这是因为昨天那场交流会引起的。当时，一名姓林的老板报出的材料价格比较高，而另一名姓董的老板报的材料价格比较低。林老板一直和小颜所在的公司长期合作，当时上司很生气地问林老板："我都买了你一年的材料了，你怎么还给我开这么高的价格？你看人家董老板，价格就是比你的低！"小颜想提醒上司："也许，这两家厂家的材料质量不同？"但是，看上司在气头上，小颜就没有说什么。最后上司订了董老板的货，而没有理会林老板。

此时，小颜确信，放在他手中的信的内容一定是骂林老板的。

这让小颜左右为难，自己到底应该怎么做呢？作为一名秘书，他要做的就是立刻将信寄出去，但是如果寄了，万一董老板的材料真的有问题，上司再回过头来找林老板，林老板未必愿意将材料发给自己的公司。最终吃亏的还是公司！本着对公司负责的心态，小颜觉得这信不该寄。但同时他也知道上司的脾气，如果他不寄这信，将来就算他做对了，上司也不会感谢他，还会觉得他很"危险"——上司交代的事情竟然不做！

想了好久，小颜决定跟上司谈谈。他敲开了上司的门，上司问："信寄了？"小颜忙说："还没有。我突然想起了一件事情！"上司一愣，小颜接着说："我上个星期和弟弟吵架了，他给我买的一条牛仔裤和我买的是一个牌子的，但是我买的比他买的便宜100元钱，当时我说他缺心眼，但是今天我突然发现自己买的那条品牌裤子是假的。所以我想，在寄信前给弟弟打个电话，向他道歉。因为弟弟明天就出差了，我怕……"

上司听小颜这样一说，忙挥手说："你先别寄信，给你弟弟打电话吧。两周后我再决定是否要寄这信。"

小颜笑了。果不其然，两周后，上司发现董老板的材料质量确实不行，于是转而继续和林老板合作。

作为一名聪明的员工，当自己有所决定的时候，即使是有利于公司的决定，也一定要学会引导上司说出来。上司毕竟是上司，事情还是得由他做主。仅仅从工作上来说，下属自作主张带来的后果，往往都不会是十分严重的。事实上，上司反感的往往并不是下属自作主张的内容，也不是下属自作主张会给公司带来什么后果，而是这种行为所表现出来的对自己的不尊重。这种不尊重上司的行为只会让上司认为，作为下属的你缺少工作经验，办事不够稳重。

所以，你必须牢记的一条职场规则是：上司永远是决策者和命令的下达者，无论你对你所要做出的决定有多大的把握，无论你代替上司决定的事情有多细微，无论你的决定能给公司带来多大的效益，你都不能忽略征求上司同意这一关键步骤。要想在职场上如鱼得水，你就必须具备这样一种素质：引导上司说出自己的主张，并将人情先送给上司，让上司感受到成功的喜悦，或者将类似的故事装作无心的样子讲给上司听……

向上司表达不同意见要讲究方式

当上司滔滔不绝地陈述自己的方案的时候，当上司自以为自己的观点和方法非常好的时候，当上司为自己的所作所为而沾沾自喜的时候，你的脑海中突然冒出了一个比上司的还要好的主意，这个时候，你是否直接告诉上司呢？聪明人都知道，只有让上司听得舒服，你才能做得更舒服，所以，向上司表达不同意见时要"含蓄"。

肖肖是一家外贸公司的秘书。有一次，肖肖的上司召集公司所有员工一起开会，说是要研究一个问题。

当时，公司正好和一个新的服装厂家谈好了一个项目，拿服装的价格非常便宜，上司还是想按原来的价格销售服装。也就是说，他想大量进货，然后依然按照公司原来确定的价格销售。

会议上，其他员工说了自己的看法之后，上司非常激动，连声说好，因为大家都是顺着上司的意见说的，有的人说他的看法好，有的人说如此一来，公司的业绩一定会大大上升等。

肖肖听了这些之后却不以为然。她的想法和上司的不同，她觉得这次的服装销售价格应该稍微低一些。因为人们都有这样的心理，买东西的时候即使便宜一元钱，也会觉得很实惠。既然进服装的价格便宜了，为什么零售和批发价格不能比原来低一些呢？如果低一些的话，还可以吸引更多的顾客。更何况公司的进价便宜了，就可以大量采购，但是如果价格还是原来的价格，衣服的款式就有可能变化得很慢。不能及时更新服装款式对于服装公司来说，也是致命的损失。

其实，肖肖的想法很合理，但她并没有说出来。因为她只是一名秘书，记录才是她的工作。她也知道，如果此时她直接说出了自己的观点，只会影响上司的情绪，进而影响到自己的职场前途。

终于，肖肖希望的机会来了。开会到最后，上司突然将眼光停留在肖肖的身上，笑着说："我想起来了，我们几个大老爷们在这里评论衣服。你看我的秘书肖肖，她的衣服多时髦！我们的衣服不就是面向这些小女孩的吗？我觉得她更有发言权！"

肖肖谦虚地说："其实，我并不是一个时尚的女人，我的一个朋友却很时尚，她经常是非贵的衣服不买！"说到这里，上司和同事们笑了起来。上司很得意地问肖肖："你买衣服遵循的是什么原则？"肖肖笑着说："我是那种特现实的人，如果有两家服装店卖一样的衣服，我肯定会买便宜的，即使只便宜一元钱。"

上司这次没有笑，而是陷入沉思。过了一会儿，他才说："我想起来了，我们不能将所有的衣服都按原来的价格出售，我们要分类处理，一类衣服卖高价，一类衣服卖低价。"于是，他和其他人又研究了几个方案。最终确定下来新的方案后，上司还特意给肖肖发了个红包，对肖肖表示感谢。肖肖还装作莫名其妙的样子说："这里也有我的功劳吗？"

事实证明肖肖的想法是非常正确的，衣服销售得果然很好，她也越来越被上司器重了。

因为思考方式和考虑问题的出发点不同，下属和上司之间的意见不统一是很正常的，但如果此时不讲方式地直说一通，即使你的想法非常好，也很难被上司接受，弄不好你还有可能被上司扫地出门。所以，向上司表达不同意见一定要注意方式，而谦虚的态度就很容易使上司对你产生好感，只要你的意见切实可行，上司还是非常愿意接受的。

此外，由于身份所限，当上司做了错误的决定的时候，你还要避开众人，私下里向上司委婉地说明，这样方可得到上司的认可。

小商刚参加工作不久，但由于他聪明伶俐，懂得人情世故，因而颇得上司的赏识。有一次，上司带他一起去谈业务。这是上司第一次带他出来谈业务，小商心里挺激动的，暗自下定决心一定不让上司失望。

那天的业务是在酒桌上谈的，上司喝了很多酒。对方一直想将上司灌醉，小商也不敢横加阻拦，因为自己只是一名销售员，而对方却是公司老总，况且他们也没有谈到关键的话题。后来，对方提出一条有悖行规的条件，上司想都没想就点头答应了。小商看到对方笑了，他就知道，上司要吃亏了。但是他却不能在这个时候说出自己的不同意见，因为在这样的场合，没有人会听他的。

无奈中的小商突然想到了一个方法。他借口去卫生间，然后打电话给上司最器重的那个经理，告诉他这里的情况，然后叫他想个办法让上司暂时离开。

小商回到座位的时候，对方正在要求上司签订一份合同，上司也在到处找笔。他们来这里的时候，上司将文件都交给小商了，而他此时喝醉了，都忘记了。对方正打开公文包拿笔给上司，上司的电话就响了。

"什么？你说什么？"上司的声音很响，酒几乎醒了一半。他边说边向外走，回头喊小商："马上跟我来，公司出事了！"小商赶紧跟了上去，他看到座位上那两个人失望的表情，几乎忍不住笑出声来。

在回去的路上，上司的眉头紧锁。小商不知道那个经理对上司说了些什么，但是现在上司离开了酒桌，那个错误的合同不用签了，公司也不会受到无谓的损失了，这就足够了。

回去之后，小商向上司道歉，然后将自己的意见说了出来："我想办法叫您回来，其实是想让您好好考虑一下，那合同该不该签，不知道您当时想清楚了没有？既然对方这么急迫地想让您签订合同，就不急在这一时，即使您这次不签，下次还是有机会的。所以，请您好好考虑一下。如果您觉得我这么做不对，请您处罚我，我做好准备了。但是，我这么做完全是为公司着想。"

上司听完小商的话，微笑着对那个他最器重的经理说："怎样？我没看错人吧？"这个时候，小商才明白，原来这是上司给自己的一个考验。

很多时候，比如，人多的时候或上司被别人吹捧的时候等，如果你和上司的意见不统一，不管你用什么态度向上司陈述你的理由都有可能招来不必要的麻烦。此时，你应该做的是，把自己的意见暂时放在心里，然后找机会私下与上司沟通，这样你的进言才可能得到上司的采纳。当然，即使在私下里沟通，说话也要灵活。

小郭进公司半年了，他从一名普通职员做起，如今成为公司的行政助理。他之所以在这么短的时间里迅速获得了提升，最重要的原因就是他比较有思想，同时又懂得如何向上司表达自己的观点。

让小郭庆幸的是，虽然向上司说出与他不同的观点是一件费力不讨好的事情，弄不好就会丢了饭碗，但是小郭的上司还算比较好相处，他喜欢带着员工去自己家玩。上司有一个非常温馨的家，在这里，小郭和上司的老婆、孩子相处得都很好，所以小郭对上司的意见有不同看法时，就在这里说了。比如，有时小郭会将上司的错误用一种极度夸张的语气说出来，上司的家人也都一笑了之，而上司也能从小郭的话中听出一些东西，然后更正自己的意见。

有一段时间，公司里制定了一套新的规章制度，其中有一条就是每个人上班的时候要刷卡，下班的时候还要刷。但是，卡和人不同,卡是死的,人是活的。有很多员工开始找别人代替刷卡,这些上司都不知道。但是小郭知道,他认为这条规定非常不好,而他又不能在开会时或在办公室里向上司提出,因为上司本来就以为自己的这个意见很好,而且他认为大家都很自觉,小郭若说破,不仅得罪了同事,也得罪了上司。

于是,再一次去上司家里玩的时候,小郭便借着给上司的孩子讲故事的机会说出了自己的看法。他说:"有一个人特别懒惰,每天都起得特别晚,上班总爱迟到。于是,他的上司想了个办法……但是,一个星期过去了,这个人依然起得很晚,但是却很少被上司知道,你知道这是为什么吗?"上司的孩子摇头,小郭说:"这是因为他把自己的卡给别人,然后让别人替他刷卡,自己睡大觉!"

"哈哈!"孩子大笑。上司当时正好在场,也跟着笑。笑过之后,上司若有所思地问小郭:"不知道我们公司是不是这样?"其实,小郭知道上司已经明白了自己的意见,所以故意笑着说:"那倒不知道,不过我们公司的同事都是非常聪明的。"上司自己也乐了。

之后,公司的那条规定就被废除了,取而代之的就是签名。小郭的目的达到了,他也更被上司重视了。

因为小郭和上司很熟,所以他就大胆幽默地借讲故事的机会说出了自己的看法,这不仅使上司愉快地接受了自己的不同意见,还拉近了彼此的距离。

上司也是普通人,他们有时的决策未必比我们的好。当你不认同他们的意见时,如果你确定自己的意见比上司的好,就可以在充分准备之后,将你的理由罗列清楚,然后找一个机会,含蓄地向上司说出来,或者将上司意见中的不足之处委婉地告诉他。

每个人所面临的情况不同，应对的方式也应有所不同，所以向上司表达不同意见的技巧并没有固定的模式。只要符合上司的脾气禀性、说话的场合等诸方面的因素，就可以大胆运用。

工作的快乐要讲给上司听

很多职场中人都觉得自己的工作压力太大，他们对待工作的态度是疲于应付，提起自己的工作就怨气冲天，很少有人会享受自己的工作。但是作为上司，他们更愿意看到自己的员工热爱自己的工作，因为只有真的热爱工作的人，才能做出优秀的成绩来。

事实确实如此，如果你喜欢自己的工作，即使整天忙忙碌碌，你也会感觉到快乐。如果你经常将你在工作中得到的快乐向别人，特别是你的上司诉说，就会使上司看到你的努力、乐观、工作积极性，自然会引来上司对你的信赖和关注。

小玉刚毕业的时候，她的很多同学都找不到工作，而小玉却很快就被通知可以上班了。这是她应聘的第一家单位，过程也挺简单的，通过笔试后她就被通知面试了。面试的时候，上司问她想不想来这里上班，小玉笑着说："当然想。"

上司问："为什么？"

小玉笑着说："因为这个公司的制度我很喜欢！"

上司很吃惊地问道："什么制度？"

小玉诚实地回答："这里的上班时间、下班时间正好符合我的作息习惯；招聘新员工的程序比我同学去应聘的其他公司简单多了，其实那么复杂也未必能选出好员工；公司定期为福利事业作贡献，我以前看到过相关报告。这些我觉得都挺不错的。"

上司笑了，和人事经理不知道说了些什么，就让小玉回去等消息。一天后，小玉就接到上班的通知了。

小玉感到这份工作来得很容易，于是也很快乐。上班一个星期后的一天，小玉在公司门口的早餐铺吃早点的时候，正好遇到了上司，他问小玉："在这里感觉还习惯吗？"

小玉笑着说："当然习惯了！我感觉比上学的时候轻松多了，也有了更多的快乐！"

上司笑了："小丫头不错，继续努力，好好工作啊！"

小玉爽快地回答："是！"

之后的一段时间，小玉的业绩平平，没有什么出色之处，但是也没有出什么错误。只不过每次一开会，其他同事都争先恐后地向上司报告自己的成绩，而小玉则笑着说："好像没什么成绩，就是感觉挺快乐的！"

后来上司就忍不住问小玉："你为什么总感觉那么快乐？"

小玉笑着说："因为我特别喜欢这个工作，做自己喜欢的事情，自然很快乐了！"上司笑了。

在这里工作了一段时间之后，一个同事告诉小玉说，在小玉来这里上班之前，有一个女孩也在这里工作。那个女孩聪明伶俐，工作能力也挺强的，但是被辞退了。因为她总感觉不开心，整天愁眉不展的。上司和她谈了几次话，也没有什么效果，更不知道她为什么不开心，后来上司拿她没办法，就找机会把她辞退了。

有一次，上司对小玉说："你的工作情绪不错，整天开心地工作着。这样的情绪对其他同事的工作也能起到促进作用，别人看见你开心也会跟着开心起来，相反，如果你不快乐，整天愁眉不展的，同事看到后也会感觉不开心，对工作有抵触心理，这对工作是非常不利的！"

听了上司的话，小玉才明白，原来快乐是可以"传染"的，每个上司也都喜欢看到自己的员工开心、快乐地工作的样子。

其实，只要开心、快乐地投入到工作中，效率就会比较高。很多人也都明白，只有自己真正喜欢的东西，才会下决心把它做好，你的上司同样明白这个道理。所以，要想成为一个优秀的员工，把本职工作做好还不够，你还要把自己在工作中的快乐传达给你的上司。

上大学的时候，刚学会了一句口头禅："没劲。"后来参加工作以后，尽管他对自己的工作很满意，但他的这个毛病总也改不了，时不时地在工作间隙来上一句："没劲。"

工作了一段时间后，公司经理一职有了空缺。刚一直以来的工作表现都不错，与上司的关系也可以，但候选名单上居然没有刚的名字。

刚很气愤，就去找上司理论。没想到上司吃惊地看着刚说："你不是不喜欢这份工作吗？"

刚更吃惊地说："可是我取得了很多成绩。"

上司笑着说："可是，我们觉得一个人只有在工作中确实感到快乐了，才能更好地工作，才能不断取得好成绩。所以，我们选的都是对自己的工作很满意的人。至于你，你现在的成绩很不错，但你整天说'没劲'，谁知道你能不能坚持下来呢？"

刚听完这番话顿时目瞪口呆。上司看了看他接着说："我也一直很看好你，但你每次都说'没劲'，时间长了，我对你也没信心了。"

一个能在工作中体会到快乐的人，往往能坚持到最后，并取得非凡的成绩。所以，告诉上司你的快乐很重要。

和上司说话前，你不妨运用腹腔呼吸，同时把声音放低，使你的声音听起来有力、平稳、和谐，也显得魅力十足，这样，在与上司说话时，你会很容易让他感觉到你的快乐。当上司交给你一项新任务的时候，也要多说"我行"、"我可以"、"我能做的"、"我会做好的"之类的话，让上司增加对你的信心，而不要将不快乐的信息传递给上司，比如说话吞吞吐吐，总带有"嗯"、"啊"、"这个"之类的词，或者在话语中间插入一些"你知不知道"、"我对你说"这样的话，以免打断话语的连贯性，更不要说一些让人感觉到你不快乐的口头禅等。

另外，在说话的同时还要注意肢体语言技巧，比如说话的时候眼睛要看着对方，配合一些手势，面带微笑，这样可以增强语言的感染力。

不在上司面前谈论敏感话题

有这样一群人，他们的工作能力很强，也取得了不俗的业绩，与同事的关系也还融洽，总是觉得自己出类拔萃，于是满怀欣喜地盼望着评优、加薪、升迁，却因一些职场的敏感话题和上司发生了争执，最终断送了饭碗。所以，如果你想成为职场的"常青树"，如果你想让上司视你为心腹，如果你想借着上司为你提供的平台实现自己的梦想，那么，你就应该对职场中的一些敏感话题提高警惕，更不应该因此和上司起争执。

（1）不与上司偏激地谈加薪。

　　月月刚来这个公司上班的时候，上司很明确地对她说，在这里工作的薪水不高，但月月考虑之后还是决定留下来。她之所以留下来，是因为她觉得自己是一名刚走出校门的学生，没有工作经验，需要磨炼，需要一个平台使自己尽快地提高能力，她觉得这比薪水要重要得多。更何况，只要自己努力工作，积累了一定的工作经验，且能力也有了提高之后，总有一天上司会给自己高薪水的，虽然这一天并不是自己走进公司的第一天，而是之后的某一天。

　　月月对高薪水充满了向往，但是，半年过去了，月月的薪水依然没有提高。于是，她开始在上司面前含蓄地提这个问题，上司却一直装傻。月月有点急了，那天办公室就她和上司两个人，她就故意提到，这个月的房租涨了，饭价也涨了。言外之意是，自己的工资什么时候涨？

　　没想到上司完全不在意地说："别抱怨了，好好工作吧！大家的工资都是一样的！"

　　其实月月早就生气了，但是一直忍着。上司说大家的工资都是一样的，但月月知道，自己的工资比同事的少了好几百元。关于上司的工资，月月不知道是多少，但是她知道，他的工资不知道比自己的多多少倍！这次，她忍不住脱口而出："是吗？真的一样吗？"之后，她长久以来一直压抑着的怨气更是一发不可收拾了："不要以为别人不知道，大家做的工作都是一样的，凭什么拿的工资不一样呢？要说工作经验，我也已经在这工作半年了，什么经验没有？"

上司吃惊地看了月月半天，就像看一只怪物。但月月坚持认为自己的理由充分，所以一点儿也不心虚。但月月想错了。

第二天上班后，办公室里的同事有意无意地对月月说："我们刚来的时候比你的工资还少，到现在才一点点提升上去。"月月听完心里一惊，她知道肯定是上司找同事谈话了。

月月气不打一处来，直接跑进上司的办公室，气势汹汹地问上司："我想知道这里的每个员工都是干了多长时间才开始加薪的？"

上司不动声色地打量了月月一眼，才慢慢地问道："你有什么权利知道？"

月月说："因为我想知道自己什么时候可以加薪。还有，你对我有什么意见可以直接告诉我，不要拐弯抹角地让同事来告诉我。"

上司坐直了身子，看着月月严厉地说："我之所以让同事告诉你是为了照顾你的面子，既然大家都说开了，那我们也不妨坦白地说清楚。如果你来这里上班就是为了将来拿高工资，那么我以前就告诉过你，我这里没有高工资，只有你的业绩做到了一定的程度，你的价值值得我给你开那么多工资，我才能给你开。但是目前你还没有做到。我是说过，工资每个人都是一样的，但并不是说你们的数量是一样的，而是说标准是一样的。在这里，每个人都是为工作而来的，如果没有工作能力而一味地谈高工资，我想每个老板都不会欢迎的！"

月月无话可说了，她很生气，但是她知道现在自己说什么都是不对的，和上司发生争执是她不应该做的，而和上司偏激地说这些敏感话题更是她不该做的！

在上班族中最忌讳的事情就是打听别人的薪水和奖金，如果一旦有人问起，被问的人就会用几句话搪塞过去。另外，没有人愿意给不付出劳动的人报酬，所以一旦有了要求上司为自己加薪的想法后，就要摆出自己的成绩来给上司看。如果只是一味地拿自己的薪水和别的同事比较，甚至和上司比较，你永远都不可能成为加薪的对象。因为高薪水是用好业绩换来的，而不是比来的。

（2）不碰上司的软肋。

职员小孟的上司长得胖胖的，小孟一直对他充满了尊敬，上司对小孟也很照顾。但让小孟没想到的是，自己的一句无意的话却使自己和上司的关系陷入了僵局。

那天，上司带小孟一起去参加一个饭局。这对小孟来说是个好机会，所以他很想好好地把握。当时在桌上一起吃饭的都是上司的好友，也都是总经理类型的人物。一些熟悉的人在一起难免要开玩笑，而不像小孟这样受上下级的约束。这些人中有一个长得高大英俊，他一直都在谈论身为帅哥的好处，一直都在说笑。小孟看上司的心情挺好的，就跟着附和起来。

后来，那个帅气的上司朋友说到上大学的时候追校花的事情时，他说，当时他们大学最有名的校花居然爱上了一个长得矮矮胖胖的人，眼光真是不怎样。小孟上大学的时候也喜欢过一个女孩，她也看上了一个比小孟差很多的人，小孟曾经为此难受了很长时间。那个上司朋友的话引起了小孟的感触，他居然失态了，控制不住自己地说："有些人长得胖胖的，真不知道哪里来的那么多信心，追美女、办公司一样也没落下，竟然还做得很不错，真是让人想不通。"话还没说完，小孟就发现大家的眼神都不对了，回头一看，上司的脸色很难看，他看着小孟一言不发。小孟突然意识到自己说错话了，却不知道怎么收场，只好愣在那里。从此以后，上司再没带小孟出去过。

每个人的心里都有不想被人伤及的软肋，上司也是如此。和上司交谈的时候，一定要避免触及上司的软肋，以免上司反感。

其实，无论是在公开场合还是在私下交流，无论是与上司还是与同事，都要尽量回避公司政策、人事变动、工资待遇、员工的花边新闻等敏感话题，以免引起不必要的矛盾。虽然你在谈论这些话题的时候可能并无恶意，但由于缺乏控制能力，往往容易招来同事和上司的厌恶，影响了自己的职业形象，这是得不偿失的。

上司批评你时，你该如何说

没有人愿意被上司批评，更不愿意上司当着众多同事的面批评自己，尤其是上司的批评总是针对自己时，这更让职场中人烦恼。但很多时候，上司之所以批评你是因为你做得还不够好，而这也说明他还是重视你的。因此，要摆脱这种窘况，就要明白上司批评你时，你该如何说、如何做。

（1）因为个人原因被批。

张小姐一直喜欢穿韩版的衣服，觉得韩版的衣服很漂亮、可爱，但最近逛街的时候，她看到了一套漂亮性感的衣服，一时心动就想换个穿衣风格。不料，在之后的一段时间里，张小姐却因此常被上司批评。这让张小姐犯了倔脾气，她想："你管我工作就行了，管我穿什么衣服干什么，未免管得太宽了。"于是，她坚持穿着那套衣服上班，而且买了另外几套同类型的衣服。不久之后，张小姐发现上司的脸色非常不好，而且随着张小姐衣服的变化，上司的脸色也越来越难看。

有一次开会的时候，上司在会议上不提名地说："这里是公司，是你上班的地方，那种花哨的衣服最好不要穿！"张小姐明知道上司是在说自己，但是她装作不知道。没有想到上司看她不在意，竟然点起名来批评她了："比如小张，这么穿就不合适，这里是你上班的地方，不是你相亲的地方！"

这段时间以来，张小姐一直在压抑自己，她时刻提醒自己不要和上司发生冲突，可是听到这里，张小姐忍不住了："我觉得我穿什么衣服，和你无关吧？"

上司不依不饶地说："这是一种企业文化！"他沉默了一会儿，转过头对行政助理说："请你将我们的企业文化理念告诉给她！"

这件事的结果是，张小姐坐在那里听行政助理讲了一大堆关于企业文化的东西，她觉得特别难堪，也特别委屈，自己做了不少工作，总不能因为这点小事，将自己所有的工作都埋没了吧？

其实，在工作中穿什么样的服装，主要看你从事的是怎样的职业，比如，如果你是一名教师，就不能在你的学生面前穿太暴露的衣服等，所以，千万不要觉得穿什么样的服装无所谓，因为你的上司不会觉得无所谓。

在这种情况下，上司对你的批评就是因为你自己的原因造成的，此时你不要急于解释自己的行为，而是要尽快将问题理清，并找到解决问题的办法，这样才能重新恢复自己在上司心里的地位。

（2）因为被同事暗算而被批。

阿旭所在的公司规模不大，但是内部的人际关系却很复杂，自己一不小心，就会被同事暗算。

有一个周一的早晨，阿旭的同事浩拿来一份文件，这是公司让阿旭做的一份统计的资料，上司要求周三的时候做完。阿旭认真地看过资料后很快就把统计做好了。周三的时候，他自信地把自己的工作成果交给了上司。不料，第二天刚上班，阿旭就被上司叫到了办公室。

上司指着一份文件问他："这是你做的统计吗？"

阿旭拿过来看了看，心想，这个统计我是下了不少工夫的，而且同事拿过来的资料我都一一核对了，不可能有问题。于是，阿旭沉稳地说："是我做的，我花了整整两个工作日完成的！"

上司看了他一眼，不屑地说："是吗？两个工作日？不短呀？可是，你怎么还有遗漏呢？多么重要的信息，都没有记录？"上司连续的几个问题差点把他问晕了！想起刚来这里的时候，给阿旭准备材料的同事浩对自己说："上司是一名经常爱发脾气的人，做事情要防备着他，别叫他抓住小辫子。万一被批评了，就保持沉默，沉默是最好的法宝。"于是，阿旭也准备沉默了。

上司看到阿旭沉默不语，觉得他是认错了，就语重心长地说："做事情一定要稳重，不能想当然。一定要懂得下工夫，将所有的资料都统计清楚。"

阿旭听到这里心想，把所有的资料都统计清楚？难道自己丢了什么？还算有点细心的阿旭不由地问："上司，我想知道，我这次丢了什么重要的资料？我不是不服气，而是想知道自己错在哪里，这样有利于我更正错误！"上司找出阿旭丢的资料给他看，可是他发现自己从来就没有看见过这份资料，就委屈地说："这个资料浩压根就没有给过我呀？"上司一愣，打了个电话把浩叫了进来，他们当面一核对，果真是当初浩没有给阿旭这个资料。此时，上司已经将对阿旭的批评转移到浩那里。

后来，阿旭从同事那里了解到，浩总爱干这样的事情，当初很多同事都被浩如此暗算过，只是当时只想着保持沉默了，后来发现也迟了……

如果你被同事陷害，也要尽力控制住自己的情绪，然后和上司好好沟通，而且等到时机成熟的时候，最好能当面对质。不过，你需要注意的是，千万不要等事情发生很长时间之后再去解决，否则即使你是被陷害的，上司也会觉得你是一个记仇的人，自然不会对你有好印象。

（3）因为得罪了上司常被批。

小邓正在办公室里作分析，上司满脸不高兴地走了进来，问他："小钱呢？"小邓因为当时工作比较专心，就头也没抬地丢了句："不知道。"上司听了很不高兴，他拉长声音说："不知道？那你知道什么？在一个办公室对面坐着，他人不在，你不知道他去了哪里？"忙昏了头的小邓当时就生气了，心想，我那么卖力地工作，难道不是为了公司？你一来就问小钱，虽然我们面对面坐着，但是对方也不会去哪里都向我打报告吧？他生着闷气说："我只有两只眼睛，都在做统计，没有一只眼睛在看小钱。如果你找他，就打他手机吧！"让小邓没想到的是，小钱的手机也关机了。那天下午上司简直暴跳如雷！对于卖力工作的小邓，他压根就没有看见！

不久之后，小钱跳槽了，带走了公司的很多重要资料，小邓就成了上司发泄怨气的工具。每次开会时，上司抓不住小钱做典型，就拿小邓做范例，说他只顾做自己的工作，不关心公司的总体情况等，而且每次都把他说得一文不值，好像小邓就是可恶的帮凶。这让小邓很郁闷，又不知道怎么做才能改变现状。

如果你被上司批评是因为你与上司发生了冲突，你可以找个适当的时间和场合，以婉转的方式把自己的想法与他沟通一下，或是用自己一时冲动或是方式欠周到等原因，无伤大雅地请求上司宽容，给上司一个体面的台阶，以便于恢复你和他之间的良好关系。

（4）因为被上司误解被批。

从大学毕业时起，天天就在这家公司上班，一直到现在，差不多有三年了。一直以来，天天都保持少说多做的作风，和谁都不多说话，她认为别人说什么都和自己无关，即使是说对自己不利的事情，她也认为无所谓。她觉得只要做好自己的工作，上司自然不会亏待她。但是，天天想错了。

有一天，天天正在研究一个文案，上司怒气冲冲地走过来，将一个文件"啪"地拍在她的桌子上，怒吼着："你在这里也不是一天两天了，怎么连这点事都做不好呢？简直是一塌糊涂，不可理喻！"

当时，天天正专心地工作，一点都没有防备，一下子就被这突如其来的事情弄晕了。她拿过文件一看，上面虽然写的是自己的名字，但是却不是自己做的文件。于是，天天平心静气地说："这个文件不是我做的，虽然写的是我的名字……"

没有想到天天的话还没有说完，上司就更加怒气冲天了："不是你做的是谁做的？写的就是你的名字，你以为我不认识字？也不知道现在的年轻人都怎么了，喜欢推卸责任了！"

上司的话让天天非常生气，她觉得自己已经辛辛苦苦在这里工作三年了，别说这份报告不是自己写的，就算是自己写的，出了什么毛病，也不至于如此吧！办公室里那么多人，怎么就不懂得给自己留个面子呢？这就说明上司连最起码的尊重也没有给自己！于是，天天压住火气说:"我想,从今天开始,你就再也不是我的上司了!"

上司愣了一下,问:"你这是什么意思?"

天天平静地说:"我要辞职!"

上司指着文件问:"这报告怎么解释?你要赔偿我的损失!"

天天拿起文件说:"赔偿什么损失,我不干了,你要损失,上法院告我去吧!"说完,天天就离开了。

直到一年后,天天再次遇到了那位上司才知道,当时上司的举动完全是为了证实她的应变能力,因为他当时想把天天调到外联部门做主任,而外联工作需要很强的应变能力。其实,三年来,上司对天天的印象很好,却不知道她处理突发事件的能力如何,于是就想试试。天天后悔莫及,却也毫无办法。

事实上,只要是打工一族,难免会被上司批评。而被上司批评的原因有很多,比如你个人的原因、你被陷害、你得罪了上司等,但是不管是什么原因,只要你还想在你目前所在的公司里待下去,就要避免因此顶撞上司,以免事情陷入僵局,否则,你在备感压抑的环境里工作不仅不愉快,还可能因此影响你的前程。同时,无论发生什么事情,都不要带着情绪去工作,更不要企图寻求同事的理解。在职场上,每个人都有自己的想法和利益追求,他们不想也没有那么多的时间用来理解别人。

第六章

该说 "不" 时就说 "不"

——拒绝他人的 8 个心理定律

喜剧大师卓别林曾说过:"学会说'不'吧!那你的生活将会美好得多。"曾经担任过日本东芝社长的岩田地夫也曾说过:"能够'拒绝'别人而不让对方有不愉快的感觉的人,才算得上一个优秀的员工。""不"字是伟大的,只有该说"不"时就说"不",你才能快刀斩乱麻,使自己摆脱听命于人的被动地位。

定律1：幽默诙谐，乐呵呵地说"不"

喜剧大师卓别林曾说："学会说'不'吧！那你的生活将会美好得多。"事实确实如此，要想做个有求必应的好好先生或好好小姐并不容易，因为人们的要求永无止境，而且往往是合理的、悖理的并存。如果当面你不好意思说'不'，轻易承诺了自己无法履行的职责，将会给自己带来更大的困扰和沟通上的困难。这时，你就可以幽默诙谐、乐呵呵地说"不"。

很多人很善于用幽默的方式拒绝别人，他们有时会故作神秘、深沉，然后突然点破，让对方在毫无准备的大笑中失望。这样的拒绝，在达到拒绝目的同时，还能让对方愉快地接受。意大利音乐家罗西尼就很善于运用这种方式。

意大利音乐家罗西尼生于1792年2月29日。因为每四年才有一个闰年，所以等他过第十八个生日时，他已经七十二岁了。在他过生日的前一天，一些朋友告诉他，他们募集了两万法郎，准备为他立一座纪念碑。罗西尼听完后说："浪费钱财！给我这笔钱，我自己站在那里好了！"朋友们听了，只好放弃为他建造纪念碑的想法。

罗西尼本不同意朋友们的做法，但他知道朋友们也是一番好意，就不好直接拒绝，于是提出了一个不切实际的想法，含蓄地暗示朋友们这是根本不必要也是不妥的，从而在不伤害朋友好意的前提下拒绝了朋友们的要求。

　　大致来看，不好正面拒绝时，就可以采取迂回的战术，转移话题也好，另有理由也可以，主要是善于利用语气的转折——温和而坚持——绝不会答应，但也不至于撕破脸。比如，先向对方表示同情，或给予赞美，然后再提出理由，加以拒绝。由于先前对方在心理上已因为你的同情而与你的距离拉近，所以对于你的拒绝也较能以"可以体会"的态度接受。

　　比如，漂亮女士的魅力总是无比巨大，她们经常会遇到各种男士的搭讪或示爱。面对这种情况，如果选择一般的拒绝方式，往往会显得女士太古板、不懂风情。而且对于大多数男士来说，要跟一个素昧平生的女士搭讪，也是需要极大的勇气的，这时女士如果硬生生地拒绝，会让对方自觉没有面子。此刻若能发挥一点儿幽默感，则会让拒绝显得异常可爱，让谈话在轻松的气氛中结束。

　　男：我可以为你买一杯饮料吗？

　　女：事实上，我宁可得到买饮料的钱。

　　男：我能有你的名字吗？

　　女：为什么？你不是已经有一个了吗？

　　男：我是摄影师。我一直在寻找一张像你这样的脸。

　　女：我是整形外科医生。我也一直在寻找一张像你这样的脸。

　　男：这个座位有人吗？

　　女：是的，如果你坐下，座位就被占了。

　　男：我好像以前在什么地方见过你？

　　女：是的。这就是为什么我不再去那个地方的原因。

　　男：这个星期六你想跟我出去吗？

　　女：抱歉。这个周末我会头疼。

男：我想我能让你非常快乐。

女：是吗？你是说你要离开吗？哦，谢谢，我非常感谢你让我感到快乐。

在这样的情况下，说不定男士会在以后的某一天想起这个有趣的拒绝。同样的道理，当你在办公室里遇到必须拒绝别人的情况时，适度发挥幽默感，也是十分必要的。

有一次，清清在办公室里吃洋快餐时，不小心将饭菜打翻了，为了避免引来虫子，她连忙开始清扫。不过，饭菜的汤汁已经渗入到地毯里，清理起来十分麻烦。当清清辛辛苦苦地与汤汁奋战的时候，同事大卫正好从她身旁经过，于是她便请大卫帮忙一起打扫。可是，这时大卫正巧要去处理一件紧急事情，暂时分不开身，大卫便笑着说："放心！东方虫子不喜欢洋快餐。你先大致打扫一下，等我忙完这件事情就来帮你。"

一句话说得清清笑了起来，她毫不介意大卫对自己的拒绝，继续自己清理起地面来。

或许等大卫忙完的时候，清清早已经将地毯清理干净了，不过因为大卫幽默轻松地化解了清清被拒绝的尴尬，所以清清也不会将此事放在心上。反之，如果大卫很公式化地直接拒绝对方："不好意思，我正在忙，分不开身。"清清心里可能会觉得不舒服，认为他连这点小忙都不肯帮，实在有失绅士风度，以至于对他的好感也会降低不少。

幽默能使你豁然开朗，豁达超脱，生气勃勃。幽默是人际关系的"润滑剂"，也是成功者的"通行证"。幽默是智慧的象征，一个精明的人，要想在为人处世中游刃有余，不仅要有很强的能力和良好的品质，还要有幽默素质，这样就可以让对方喜欢你，甚至是对于你的拒绝也乐意接受。可见，如果我们能够充分发挥幽默感，在谈笑之间对别人说"不"，不仅能使气氛轻松，也能顺利地达到拒绝的目的，这对双方来说，都是最好的结果。当然，幽默不是为了幽默而幽默，所说的故事、所讲的笑话，都要有的放矢，否则在对方听来就是油滑，会招致对方的反感。

要让自己变得机智幽默，能够把拒绝的话也说得委婉动听，不妨试试下面的建议。

（1）端正心态。

心态决定一切，良好的心态比什么都重要。有了它，你就会快乐地面对任何事情；有了它，你的幽默感也自然会丰富起来。

（2）多看些幽默的书籍、电视。

正所谓"熟读唐诗三百首，不会做诗也会吟"，培养幽默感的最佳方法就是欣赏别人的幽默。见得多，听得多了，自身的幽默感自然也就多了。

（3）多从不同角度去思考。

一位幽默大师曾说过："所谓幽默就是别人看见了头，而你却看见了屁股。"所以，学会从不同的角度去看待问题，你的幽默感就会出现。

当对方要卖给你的一筒卷纸的品质过于粗糙的时候，如果你摒弃正常思维，把卷纸当做砂纸看待，幽默的回答就出现了。你可以笑着对对方说："如果你不介意，可以卖给我当砂纸。"

（4）不要过于拘束。

有些人总怕万一自己说错了话会招致别人的嘲笑，就畏首畏尾，不敢言语。其实，幽默感随时都可能出现，但是如果不敢表现出来，幽默感出现的频率就会逐渐降低。实际上，幽默总会带给人惊喜，既然如此，你还有什么好怕的呢？所以，当你觉得自己应该幽上一默的时候，就不要拘泥，大胆地表现出来。

定律 2：搪塞拒绝，含糊地说"不"

在现实生活中，总会有些人出于某种原因或目的要求你对一些事情或人物作出评价或发表看法，以探明你的态度。而这个时候，你又因为某种原因不宜把评价或看法具体说出来，这时如果不能机智地应付、巧妙地回答，就可能陷入被动局面，以至于无所适从。这时，搪塞拒绝、含糊回避就是最好的方式。比如，有些人喜欢背后谈论他人，说长道短，碰上这种人，你应该谨慎地对待，尽量少发言、少评论，让自己的发言少带倾向性。如果你妥当地采用搪塞拒绝、模糊应答的方法，可以使自己避免卷入一些不必要的麻烦之中，这对于你建立良好的人际关系网有着很大的益处。

要想乐呵呵地说"不"，你还可以故意转移话题，就是在对方还没有完全表达出想说的话时，就将他要说的话打断，并转向其他话题，这对于拒绝对方而言也不失为一种好的方法。

一对青年男女在一起工作，天长日久之后，男方对女方产生了爱慕之情，男方急于要表白心愿，女方虽心领神会，但不愿将友情向爱情方面发展，所以女方认为还是不要说破，保持一种纯真的朋友情谊为好。于是，双方在说话的时候就出现了下面的断答。

男方说:"我想问问你,你是不是喜欢……"

女方迅速打断他的话说:"我喜欢你给我借的那本公关书,我都看了两遍了。"

男方镇定了一下继续说:"你看不出来我喜欢……"

女方再一次打断他说:"我知道你也喜欢公共关系学,以后咱们一起交换学习心得吧?"

男方有点着急,但又不得不继续说:"你有没有……"

女方笑着说:"有!互相切磋,向你学习,我早就有这个想法。"

男方无奈地停止真情告白,他已经明白了女方的意思。

在这个故事中,女方三次断答,使得男方明白了她的想法,于是知趣地不再问了。这比让他直率地问出来,女方再当面予以拒绝的效果自然要好得多。不过,有时候这种方式是行不通的,因为这会让对方觉得自己被冒犯了。这时,你就可以采取另一种方式拒绝对方,即搪塞式拒绝,就是不把事情讲得过于明白,而是避重就轻、避实就虚,用暗示的方法让对方明白自己拒绝的意图。这种方法既避免了双方的尴尬,又达到回绝的目的,让对方听了不得要领,不能再提出新的要求。

推销员小 B 去找学校有关负责人推销课桌椅,但他们不想要,于是他们对小 B 说:"谢谢你的好意推荐,只是我们一时还弄不清究竟什么样的课桌椅更适合于现代教学设备的管理,如果莽撞地购买了,可能对于学生的身体健康很不利。"推销员小 B 听了不知如何作答,只好悻悻离去。

一般而言，推销员上门做推销时，都已经事先做好了充分的准备，并预备了种种理由和解释来回应客户的拒绝。但因知识所限，他不可能知道现代教育理论，更不会很熟悉学校的教育管理以及学生的身体健康与教学设备之间的关系。如果客户拿这些推销员似懂非懂的东西来搪塞他，推销员就会感到不知从何说起，这样，客户也就真正达到了拒绝别人的目的。

第二十四届奥运会在韩国汉城（今首尔）举行。当中国代表团到达汉城时，记者们纷纷围上来，问中国代表团团长李梦华："中国能拿几块金牌？""中国能超过韩国吗？"

李梦华答道："10月2日以后（奥运会结束之日），你们肯定能知道。"

记者接着问道："中国新华社曾预测能拿8至11枚金牌，你认为这是客观的吗？"

李梦华回答道："中国有充分的言论自由，记者可以按他们的想法写。"

记者见问不出来什么就不再问了。

大凡国际赛事，自己的团队能拿多少块奖牌，国家代表团团长自己心里一般都是有底的，而且有的还会落实承包到具体的运动员身上。但是，赛场上变幻莫测，决定能否夺魁的因素的变数很大，任何一个人都没有十拿九稳的把握。再加上能拿多少块奖牌关系到国家的荣誉，事关重大，不能出尔反尔、视若儿戏，更不能授人以柄。因此，对记者提出这样的问题，代表团或教练一般都要拒绝。但这种场合又有别于正式严肃的外交场合，若严肃拒绝难免会使对方尴尬,所以拒绝时不妨来点语言游戏,避而不答或避实就虚,这样就能很好地达到自己想要的目的。

谁都不喜欢被拒绝,但有时候你又必须去拒绝他人,这时,你可以含糊回避。所谓含糊回避,就是当对方提出某些问题时,不明确表态,既不表示同意,也不表示不同意,似乎同意,又似乎不同意,使提问者感到不可捉摸,无所适从。比如,如果有人邀请你:"明天我请你吃饭,请务必光临。"而你并不想去,你就可以说:"明天恐怕不行,下次一定来。"

下次是什么时候,你并没有说定,这实际上给对方的就是一个含糊不清的概念,而这也是一种巧妙的拒绝。对方若是聪明人,一定会听出其中的意思,自然不会再强人所难了。可见,谢绝别人的请求,否定人家的意见时,为了能使对方接受你的意见,同时又不想伤害对方的自尊心,这时往往就需要含糊回避。

女友希望你给她买件像样的衣服,于是暗示你:"瞧,人家的衣服多漂亮,是男友送的。"而你觉得她的本季节的衣服已经够多了,所以不想给她买。但如果直接拒绝,女友会觉得你很小气。这时,你可以这样说:"的确美,不过我赞赏苏格拉底的一句话,'女性的纯正饰物是美德,不是服装。'"

从话的表面上来看,你并没有拒绝对方,但对方绝不会认为你同意了,于是问题就在不了了之中解决,谁也不会感到难为情。所以,含糊回避的好处就是你既不赞同也不接受,这时你的拒绝中没有否定词,但对方又能辨出弦外之音,彼此都不会觉得难堪。

一个旅行团按预定的日程观光游览。这时，有几个游客途中要求增加几个观光点，但由于旅游时间不够，这几个游客的要求不能予以满足。导游就含糊其辞地说："这个建议非常好，也非常重要。如果有时间，我们将尽量予以安排。"

在这里，这个导游的说法就十分模糊，游客既可以理解成导游会尽量安排，也可以理解成时间不够，就不再予以安排，从而巧妙地暗示了拒绝之意。

有时候，有些外国游客十分关心导游的收入问题。对这一类问题，导游往往是不便直接回答的，但是断然拒绝又会显得太过生硬，而且也不符合当时融洽的旅游气氛。有的导游就巧妙地回答说："我的收入能够维持生活。"这样的回答巧妙地避开了具体问题，十分模糊，表面上看他已经做出了回答，但实际上他什么也没说，这样既不失礼，又游刃有余。

一位编辑写了一部小说，小说改成电影后，票房丰收。一位好莱坞老板就想把此人挖去作编剧，他开出的价码是每周500美元，这个价钱是当时纽约的当时绝大多数作家都无法拒绝的，但这位编辑并不想去，又不想得罪对方，就回答说："罗斯先生也加到了这一水平。"

其实，这位编辑所说的罗斯先生不像好莱坞老板那么有钱，他根本不可能给这位编辑加薪，但这位好莱坞老板不知内情，以为真的有人在与自己竞争，就马上抬价说："1000美元。"编辑再次回答："罗斯先生也加到了这一水平。"

这样几个来回下来，最后这位好莱坞老板开出的价码已经达到了每周 2500 美元，相当于现在的 19000 美元，可这位编辑仍是那句话："罗斯先生也加到了这一水平。"这位好莱坞老板在无奈之下，只得作罢。

在这个故事中，这位编辑拒绝了对方，但他是优雅、平静地含糊回避着。这也正是聪明人的为人处世的态度——必不可少地覆盖着一层"天鹅绒"，即使是拒绝、抵抗、批评，也不会弄得"汗流浃背"、"声嘶力竭"。

当然，可以拿来搪塞的理由有很多。外交官们在遇到他们不想回答或不愿回答的问题时，总是用一句话来搪塞："无可奉告"。所以，当你暂时无法回答时，也可用这句话。另外，你还可以用"天知道"、"事实会告诉你的"、"这个……难说"等搪塞过去，告诉对方，你不接受。

定律 3：寻找借口，借助外界条件说"不"

在现实生活中，人们往往会运用到拒绝，因为对于别人的要求，一般情况下我们都尽自己的能力予以满足，但有时我们不得不表示拒绝，因此我们每个人都在用自己的方式说"不"。在这种意义上，没有谁不懂拒绝。但是，纵览历史，因拒绝不得法而酿成历史悲剧的例子并不在少数。在现实生活中，因为没有注意拒绝方法而导致人际关系紧张，朋友疏远，甚至反目成仇的事例也时有发生。所以，当你静下心来，认真思考一下这个问题的时候，你会发现拒绝还真不是一件容易的事情。

很多时候，他人的某些请求或问题是你无法接受又不便于直接拒绝的，这时，你就可以寻找借口，借助外界条件说"不"。

（1）以"制度"为借口。

一家化妆品公司的一位普通职员灵灵鼓起勇气走进经理办公室，对经理说："对不起，我想该给我涨工资了……"说句实在话，灵灵在这里工作已经很长时间了，她的工作做得很不错，虽然她的工资已经不低，但她觉得自己确实应该得到更高的工资。

经理笑着回答道："确实应该了，但是……"经理指着自己办公桌上的一块玻璃板下压着的一张印刷卡片，不慌不忙地说，"根据本公司职务工资制度，你的工资已经是你这一档中最高的了。"

灵灵听了马上就泄气了，她沮丧地说："我忘记我的工资级别了！"

灵灵退了出来，几条打印出的制度使她放弃了自己本应得到的东西。她想："我怎么能够推翻那张压在玻璃板下的印刷表格呢？"

在拒绝他人时，用制度限制作为借口是一种很好的方法，不仅能达到拒绝别人的目的，而且不伤和气。故事中的经理就是用制度回绝了灵灵想涨工资的要求，成功地转移了灵灵的注意力，不至于使灵灵感觉到不愉快。

（2）以"他人"为借口。

小蓓在家电超市工作。一天，她的一位朋友来买家电。朋友看遍了超市里陈列的样品，也没有找到自己十分喜欢的那一种。最后，朋友要求小蓓领她到仓库里去看看。小蓓碍于情面，"不"字说不出口。于是，她笑着说："前几天我们主管刚宣布过，不准任何顾客进仓库，真是对不起。"

尽管小蓓的朋友心中可能不太乐意，但小蓓已经告诉她，这是小蓓的主管要求不让顾客进仓库的，强求也无用，倒不如放弃，朋友听到这样的回答要比直接听到"不行"的回答要好多了。

（3）以对方的"言语"为借口。

随着吴佩孚的势力的日渐强大，他逐渐成为权倾一方的实力人物。一天，他的一位同乡前来投靠他，想在他那儿谋个差事做。吴佩孚知道那位同乡才能平平，但碍于情面，还是给他安排了一个上校副官的闲职。不久，那位同乡嫌弃官微职小，便再次请示想当个县长，并指名道姓地要求派往河南。吴佩孚听了，便在他的申请书上批了"豫民何辜"四个大字，断绝了他的念头。谁知过了一段时间，那人又请求调任为旅长，并在申请书上说："我愿率一旅之师，讨平两广，将来班师凯旋，一定解甲归田，以种树自娱。"看到同乡这样没有自知之明，吴佩孚真是又好气又好笑，于是顺着他的"以种树自娱"的意思提笔批了"先种树再说"五个大字。

在日常生活和工作中，我们经常会遇到一些令人尴尬的问话，如果你用"不可以"来回答，会显得你粗俗无礼；如果套用外交用语"无可奉告"来回答，又会给提问者造成心理上的失望与不快。此时，你就不妨抓住对方话中的破绽，以子之矛攻子之盾，使其识趣而退。

（4）以时间为借口。

很多时候，当对方提出你无法办到的请求时，大可不必当场拒绝，你可以说："让我再考虑一下，明天答复你。"这样，你就可以让时间来消减对方让你解决所提出的问题的欲望，既使你赢得了考虑如何答复的时间，也会使对方认为你是很认真地对待这个请求的。

　　职工小乐找到主管要求调换工种。主管心里明白小乐的工种根本调换不了，但他怕伤及小乐的自尊，就没有马上回答说："不可能。"而是说："这个问题涉及好几个人，我个人决定不了。我要先把你的要求反映到厂部，让厂部讨论一下，过几天答复你，好吗？"

　　主管这样的回答让小乐明白：调换工种不是一件简单的事，让厂部讨论之后既可能能够调动，也可能无法调动，自己在思想上就有所准备，这比当场回绝效果要好得多。

　　阿力下岗后，不得不自谋职业，后来他向银行贷款开了一家土产日用杂货商店，每天起早贪黑地想把这个商店办得红红火火。几个月过后，生意渐渐走上正轨，阿力的收入颇丰，家里的生活自然也有了起色。阿力的哥哥是个游手好闲的赌棍，经常把钱扔在赌桌上。一段时间过后，他手气不好就又把钱输光了，他心里很不服气，就想赢回本钱，但又苦于没钱。他看到阿力店里的生意渐渐好了，就把主意打到了弟弟的店铺上。一日，他来到了店里对阿力说："我最近想买辆摩托车，手头尚缺五千元钱，想在你这借点，过一段时间就还。"阿力了解哥哥的嗜好，如果自己借给他钱，无疑是肉包子打狗——有去无回。更何况店里的生意刚刚有了起色，正是用钱的时候，就敷衍着说："好！再过一段时间，等我有钱把银行到期的贷款支付了，就给你，银行的钱可是拖不起的。"哥哥听弟弟这么说，没有办法，只好知趣地走了。

很多时候，把事情巧妙地一带而过比正面拒绝有效，且不伤和气。唯有如此，才能把对方当初急迫的欲望降低。比如，阿力不说不借，也不说马上就借，而是说过一段时间，等还完银行的贷款后再借。这话含多层意思：一是目前没有，现在不能借；二是自己也不富有，没有钱可以借；三是过一段时间不是确指，到时借不借、什么时候借以后再说。哥哥听后已经很明白了，但他并不心生怨恨，因为弟弟并没有说不借给他，只是过一段时间再说而已，这给了他希望。

定律4：先肯定，后否定地说"不"

有人在街边办了一家文化氛围很浓的小火锅店"吞之乎"，店老板聪明机灵，幽默随和，常常与客人打成一片，所以很多客人慕名到这里就餐。因为就餐气氛轻松，客人自然就很放得开，他们在这里很随意，还经常善意地出一些题目来难为店老板。有一次，客人说："老板，有没有炮弹？来一份！"店老板马上接过话来说："有！有！我这里有泡盐蛋、泡皮蛋，二流炮弹，给您来一份？"见没有难倒店老板，过了一会儿，客人又说："老板，你这有炮弹，有没有月亮？"店老板随即叫服务员把窗子打开，并放一盆水在窗子旁，嘴里还唱道："天上有个太阳，水中有个月亮。"然后，他又转头对着后堂叫菜："上一盘推纱望月！"菜端出来了，客人一看，发现原来是一盘"竹荪鸽蛋"。店老板向客人解释，竹荪表示纱窗，鸽蛋代表月亮，所以叫"推纱望月"，于是满座哑然失笑，客人也是大喜过望。

一般而言，店老板应该与客人多交流，必要的时候，也可以通过幽默的方式来调节气氛，总之，尽量不要拒绝客人的要求。虽然服务员碍于身份，通常不能与客人开这样的玩笑，但是这样的思维方式很值得借鉴。

曾经担任过东芝集团社长的岩田地夫说过一句话："能够'拒绝'别人而不让对方有不愉快的感觉的人，才算得上一个优秀的员工。"因此，拒绝其实也是一门学问。只要是"拒绝"就会含有否定的含义，哪怕是肚量再大的人，见到自己的意见或要求被否定，自然会产生情绪上的波动，更何况大多数人不过是普通人而已。美国总统里根在拒绝别人的请求时，总是会先说"YES"，然后再说"BUT"。这种先肯定后否定的表达方式，可以让对方认为这是你在深思熟虑之后做出的谨慎的拒绝，它对缓和对方遭到拒绝后的抵触情绪有显著的作用。

在英语国家，这种方法被称为"YES…BUT…"法。这种拒绝法渗透了说服的原理，即在刚开始的时候，先不表明自己的观点，更不轻易拒绝对方，而是从对方的观点、意见中找出双方的共同点，并加以肯定、赞赏，或者站在旁观者的角度上对对方的观点表示理解，从而减少对方的对抗心理，减弱其心理防范，然后再用婉转的语言陈述自己的观点，来达到拒绝对方甚至说服对方的目的。

在一次图书展销会上，一位客户来到一家图书公司的产品陈列台，四下看了看后，转身就想走。公司的推销员自然不肯放过任何一个机会，所以主动上前与客户搭话，推销员问道："请问你想买什么类型的图书？"

"这里没什么可买的！"客户轻蔑地说，说完又要走。

推销员很快地接上说："是呀，别人也说过这话。"想走的客户听到这里站住了脚，不走了。他似乎有点暗暗得意，他的情绪也完全松弛下来。

推销员话锋一转，说："可是，他们后来都改变了看法！"

"噢？为什么？"推销员的话引起了客户的极大兴趣，他不由自主地询问起来。

见客户有了兴趣，推销员就顺水推舟地开始了推销活动，而客户也在无形中接受了推销员的观点，心甘情愿地买了公司的大批产品。

在这个故事中，客户看了一眼，就下了"没什么可买"的结论。这时，如果推销员一开始就断然予以否定，必定会加剧客户的抗拒心理，买卖自然不会有希望了。但聪明的推销员没有这样做，他顺水推舟地肯定了客户的看法，并成功地激发了客户的好奇心，让客户自己否定了自己的看法，进而接受了推销员的观点。这种先肯定后否定的策略若应用在职场上，也会收到奇妙的效用。

迈瑞是一家私营企业的企划部经理。他的老板是白手起家做起来的，由于公司是老板一手创立的，这里自然也就成了老板的"一言堂"，除了公司的几个副总和迈瑞之外，很少有人敢在他面前说个"不"字。即使是迈瑞，虽然他和老板的关系近一些，但向他提意见的时候也得万分小心，以免自己因为一句话没说好就让老板显露出难看的脸色，以至于干脆被老板打断谈话或者被拒绝。

所以，聪明的迈瑞从来不直接对老板说"不"，总是用"先肯定，后否定"的"迂回策略"。有一次，老板提出周末组织员工度假放松，但他指定的地点又是那个大家早已经去过几十次的海边。迈瑞想，这次要是再去那个地方，不仅达不到使员工放松休息的目的，甚至会引起一部分员工的不满。但是，这些话不是一个员工能够直接与自己的老板直接说的，于是，在开会宣布度假决定的时候，迈瑞满口赞成了老板的建议，并把老板的"指示"详细地记在笔记本上。等到开完会，迈瑞才找了个机会，向老板说明了情况，并向他推荐了一个更好的去处。听了迈瑞的话，老板果然改变了自己的决定。这让迈瑞感到庆幸，幸亏自己没有莽撞地否定老板的观点，现在自己既在大会上保全了老板的面子，又履行了企划经理的职责，他觉得这个"弯"绕得还是值得的。

如果你不想让自己的拒绝遭遇对方强烈的抗拒心理，如果你不想使自己莫名其妙地得罪他人，那么，从现在开始，改变你的说话方式，给自己的拒绝包上漂亮的"外衣"吧！

定律 5：动之以情，晓之以理地说"不"

朱小姐在家居产品柜台销售壁纸，一位客户向她订了一种壁纸。朱小姐为她提供了很好的售后服务，不但送壁纸到家，还帮她一一贴好。不料，她刚刚把工作完成回到店里，这个客户就打电话来坚持退货，她说因为她的丈夫不喜欢那种壁纸的颜色，所以她改变了注意，想要更换另外一种图案的壁纸。朱小姐知道，如果给她更换了，那么下次发生同样的事情的概率就会很大，更何况，更换壁纸也是一件十分烦琐的事情。考虑到客户的面子，朱小姐当时没有拒绝客户，她说："太太，我很抱歉你的先生不喜欢你所选定的壁纸颜色，但是我们已经按照订单将壁纸安装好了。我虽然不能退你的钱，但是可以在新壁纸的价格上，给你相当的优惠，而且我们愿意为你免费除去旧壁纸。除了这个办法外，也许过段时间你可以说服你先生，让他相信你买的是最好的壁纸，是现在非常流行的图案，而且它的颜色很适合你们家。"客户沉吟了一下，说："算了，这样挺麻烦的，再说我丈夫也不是很反感这个颜色。"

事实上，朱小姐知道，客户更换壁纸的要求是不太可能被店里接受的，因为客户的理由并不充分，而且从她自身来说，她也不希望看到客户退货或换货，但她没有不讲方式地把客户的要求拒之门外，而是通过向客户承诺优惠的方式委婉地告诉了客户这样做的代价，并让客户认识到自己可以说服丈夫。于是，问题就顺利地解决了。

当别人请求帮忙或提出某一个要求的时候，如果是举手之劳，人们一般都会答应。但如果自己根本无法胜任，也不要勉为其难，这时，你可以动之以情，晓之以理，把你的实际难处说出来，让对方知道你拒绝他的原因是什么，这样他一定会因此理解你，自动放弃原来提出的请求，同时也不会因为遭到拒绝而心生不快。

阿郎在城里工作了几年后，就在城里买了一套两居的房子。一家人住在里面，虽说因为人多显得有点拥挤，但也其乐融融。这时，来城里打工的两个老乡找到了阿郎，阿郎就留他们一起吃饭。吃饭时，两位老乡不停地诉说打工的艰难，还一再说住店住不起，租房又没有合适的。

阿郎听得明白，他知道对方的言外之意是想在阿郎家里借宿。于是他立刻接过了话头说："是啊，这城里面不比咱们乡下，这儿是寸土寸金，住房可紧了。就拿我来说吧，这么两间小房子，住着三代人，就连我那上高中的儿子，晚上也只能睡沙发。你们大老远地来看我，真想留你们在这里好好住几天，大家好好畅谈一番。可是实在没办法啊！"两位老乡听后，明白了阿郎的难处，吃完饭后就非常知趣地走开了。

有些求人的人，由于种种原因，不好意思直接开口，喜欢用暗示的方式来投石问路。这时，你最好也用暗示的方式来拒绝。

秘书小鲵正在埋头工作，公司老总走过来，指着厚厚一叠至少有三四十页的稿纸对他说："小鲵，你马上把这一叠演讲稿抄一遍。"小鲵看着厚厚的稿子，不禁感到有些为难地说："这么多，抄得完吗？"

也许老总正在气头上，听到小鲵这样说，脸色马上就多云转大雨了，"抄不完？那你请另谋高就吧！"于是小鲵被"炒了鱿鱼"。

秘书小鲵被"炒"实在令人惋惜，然而这也是必然的。对于上司的要求，他生硬直接地拒绝了，给上级的感觉就是他完全没有上司和下属的概念，不服从指示，无视上司的威信。所以，即便老总不是在气头上，小鲵被"炒"也是顺理成章的。如果小鲵能立即搬过那一堆稿子埋头抄起来，等把抄好了的一部分稿子交给老总的时候，再委婉地表示自己的困难，那么老总肯定会很满足于自己说话的威力，并会因意识到自己要求的不合理而延长时限，这样，小鲵也不至于被解雇。

在职场中，你常会碰到一些来自上司、同事的要求，如果他们请你帮忙做的事在你的能力范围之外，千万不要马上表示不可接受，而应先谢谢他对你的信任和看重，并表示自己很乐意为他效劳，最后再含蓄地说明自己爱莫能助的原因。这样，彼此都可以接受，不至于把事情弄得很不愉快。

在生活中，当你遇到亲朋好友委托你办事而你无法办到的时候，就要讲清道理，说明利害关系，明确地加以拒绝。这样，他们一般会理解你，以后也就不会"麻烦"你了。当然，此时如果多讲一些自己的短处，再抓住适当的机会多讲别人的长处，就能把对方求助的目标很自然地转移过去。这样不仅可以达到拒绝的目的，也会使对方将由于意外的惊喜所产生的欣慰心情取代原有的失望与烦恼。

总之，你需要注意的是，别人来请你帮忙办事，就是相信以你的能力可以解决这个问题，对你抱有期望。如果你在拒绝的时候多讲自己的长处，或过分地夸耀自己，就会"火上浇油"，在无意中认可、接受了对方的期望，拒绝的难度也会因此加大，你也很可能被对方怨恨。所以，在这样的情况下，只有以情动人，以理服人，多讲自己的短处和能力不及的方面，降低对方的期望，并陈述对方的长处，转移对方的注意力，你才能既拒绝了对方，又不至于成为对方心中的恶人。

定律 6：做出补偿，科学地说"不"

拒绝总是否定，终归不能像承诺那样引起对方的好感，所以在某些时候，无论你的拒绝方法多么礼貌、多么富于人情味，对方总会有乘兴而来、败兴而返的心理感受。

但从另一个角度来说，人们往往比较能够接受拒绝后的补偿，当拒绝者在拒绝之后做出了某种补偿，哪怕这种补偿只是精神上的，人们的不快也往往能有所消释。

所以，当同事向你请求帮忙时，你可以说："这件事情我不能代替你来做，但是两个星期后的那个计划我可以帮你。"而不要敷衍地对同事说："这次帮不上忙，下次吧"，以免使对方认为你根本就不想帮忙，因为谁知道你的"下次"是什么时候呢？

也就是说，为了缓解对方因你的拒绝而产生的不快情绪，也为了表明你的诚意，你不妨在准备说"不"的时候，或在拒绝之后，主动为对方考虑一下退路或补救措施，使对方的情感发生转移，而不至于一下跌进失望的深谷。比如，当对方来求你为其解决困难，而你又无能为力时，不妨采取一点"补偿"性措施，帮助对方寻找能解决这类问题的方法。这样既可以使对方在心理上获得补偿，从而减少对方因遭拒绝而产生的不满、失望，又使自己在对方心里留下了热情友好的印象，甚至可以使对方从内心深处对你充满感激。

一个人开了一家公司。有一段时间，他的公司急需一吨钢材，恰好此时市场上的钢材特别紧张，他根本买不到。无奈之下，他突然想起了一个朋友在一家专门经营成批钢材的公司担任经理一职，而且那家公司的生意非常兴隆。于是，他就去找自己的朋友，说自己急需一吨钢材，而且要求价格特别优惠，其优惠程度要求比市场上的批发价还要低百分之十。那位朋友碍于过去的亲密友谊，实在无法毫不留情地加以拒绝，所以就巧妙地用补偿法来回应他。

朋友对他说，自己公司经营的钢材是以千吨为单位的，无法拆开一吨来卖给他。不过，总不能让他白跑一趟，空手回去，朋友就提议他去找一家专门经营小额钢材的公司，这家小公司和他们有业务往来，自己可以给这家小公司打招呼，以最优惠的价格卖给他一吨。毫无疑问，这种"最优惠"的含义是模糊语言，因为即使价格再优惠，也不会比市场批发价低百分之十。

最后，这个人虽然遭到了拒绝，但因为得到了"补偿"，所以拿着朋友写的条子，高高兴兴地走了。他不仅不会因为要求没有得到满足而愤怒，反而从心底里感谢他的经理朋友帮了大忙。

可见，补偿法不失为一种拒绝对方并且能继续维持双方关系的妙法。

所谓补偿法，顾名思义，就是在拒绝对方的同时，给予对方某种补偿，而这种补偿往往不是"现货"，即不是现在就可以兑现的金钱、货物、某种利益等，相反，它很可能是某种未来情况下的允诺、某种未来场合下有条件的让步、某种未来的前景等，甚至是提供某种信息（必须是经过核实的、绝对可靠的信息），或者某种服务，如产品的售后服务，甚至出现损坏或者事故的保险条款等。然后，你如果再恰到好处地说上一番并非你不帮他的忙而是你帮不了他的苦衷之后，就能在拒绝对方的同时，继续保持你和他的友谊。

小杨与小曹是同事。小曹与女朋友恋爱三年，已经到了该结婚的年龄。但女朋友要求小曹必须先买房再结婚，可这时小曹手里根本没有那么多钱，无奈之下，他只好四处借钱。有一天，他找到了小杨。小杨看到小曹向自己走来，知道他要说什么，就先迎上去问："看你一脸愁容的样子，是不是房子没着落？"小曹点点头，小杨继续说："哎，真同情你，我实在很想帮你，可想想自己又没有那么多钱，你知道，我刚买完房子。不过，你可以和你女朋友商量商量，如果一定要现在买的话，你们以后的经济压力会很大。如果不行的话，我倒是有一个好主意，现在很多人都贷款买房，贷款的要求也不是很高。我有一个朋友就是贷款买的新房，现在人家都已经住进去了。你也可以试试。"小曹听到这里，心里的愁云早就散了，虽然他不可能从小杨这里借到钱，但对方已经提醒了自己应该怎么做。看到希望的小曹对小杨充满了感激，他兴奋地向小杨询问起贷款的具体事宜。

可见，与人交往时，拒绝他人并不一定就是得罪人的事，只要你采用了合适的方式，比如，拒绝了别人之后，给对方一点补偿，这样笼罩在你们头上的愁云就会散尽。所以，从现在开始，你不妨随时准备着送出你的"补偿"。

定律7：巧妙诱导，委婉地说"不"

适当地表达"不"虽然应当加以提倡，可是真正能愉快地接受"不"的人恐怕是极少数的。相反，断然地拒绝必将引起对方的不满；轻易地、直截了当地说"不"，只会让人认为你是一个毫无诚意的人。著名心理学家杰·达拉多认为，人的攻击行为的产生，常常以欲求得不到满足为前提。如果遇到需要否定的场合，你就连声地说："不，不，不！"这不仅表现了你的浅薄幼稚，而且很有可能破坏你的人际关系，甚至从此断送你与他人之间的良好关系，毁坏自己的形象。

那么，如果你的朋友去年向你借了五百元钱，到现在还没有还，可现在他又来找你借五百元，此时，你该怎么办呢？

如果你的同事自尊心很强，而他的请求是你想拒绝却在试过了上面说过的所有的拒绝技巧之后都推不掉的，此时，你又当如何呢？

其实，人们往往不喜欢被人说服，但他们乐意被自己说服。所以，在拒绝对方的时候，你不妨利用一下人们的这一心理，巧妙地采用诱导式拒绝法。

诱导式拒绝法，是一种不给予直接的答复，而是先讲明条件、说明理由，诱使对方自我否定的拒绝方法。该方法的特点是"不战而屈人之兵"，让对方主动放弃提出的要求。比如，对朋友的请求，你可以这样说："这样吧，我先借给你一百元，我妈妈、爸爸最近也要用钱呢！等你把那一千元还我，我就可以考虑再多给你借一些。"

学会婉言拒绝，实际上就是学会说"不"。生活中有不少人认识不到"不"字的伟大，遇事优柔寡断，畏首畏尾，什么事情都答应，最后又无法实现，结果常使自己处于被动地位，听命于人。也许这些人心里知道自己不能做到什么、能做到什么，为什么不能做到、为什么可以做到，却不知道该怎样将"不"说出口。于是，简单的"不"字，只能在嗓子眼儿里打滚，怎么也跳不出来。其实，学会说"不"，并非直言"不"字，而是语中藏"不"。

一家大公司的总裁的朋友向他打听一些公司运作的事情，总裁十分自然地笑笑说："你也知道，这属于商业机密。如果泄露出去，对公司很不利的。那么，请你告诉我，对这类绝密的事情，你能保证不告诉其他任何人吗？"

"绝对保证，我对任何一个人都不说。"朋友回答得非常坚决。

总裁说："说得对，我也和你一样。"朋友先是一愣，继而一笑，便心知肚明地不再追问了。

当你开始说"不"的时候，态度必须是温和而坚定的，这样才能够让人更容易接受，好比外面裹着糖衣的药就比苦药丸让人更容易服用。同样，委婉地表达拒绝，也比直接说"不"让人更容易接受。例如，当同事提出了要求，而你又无法帮忙的时候，你就可以告诉他，自己的工作已经排满而爱莫能助，如果耽误工作，会对公司与自己产生影响，让他清楚自己工作的优先顺位，从而使其自己打消向你求助的念头。

　　所以，在拒绝的时候，学会诱导式拒绝法是非常重要的，只有这样才能够使双方都乐意接受。有一位老总，他就是这样巧妙地拒绝了他的员工。

　　有一位员工想在工作时间陪女朋友去泰山游玩，就去向老总请假。而这时，公司正在做的一个广告设计方案很重要，而且正需要这位员工的参与。倘若老总直截了当地拒绝他，甚至批评他都是可以的。但是，这位老总却这样对这位员工说："能和女朋友一起去泰山游玩，确实是件美事。不过，这几天我们公司要参加全国的广告设计大赛，公司还指望你拿名次。去泰山游玩的机会多得很，以后我给你补假让你去玩不是更好吗？"这位员工听了老总的话后，说："好吧，那我这次就不去了。"他高高兴兴地收回了自己的请求。

　　这位老总的拒绝方式非常高明，他没有反对员工，更没有批评员工，而是让员工自己说不请假了，却又合情合理。
　　在运用诱导式拒绝法的时候，利用事件之间的逻辑关系诱导对方收回请求，也是一个不错的拒绝他人的方式。

　　1945年，富兰克林·罗斯福第四次连任美国总统。《先驱论坛报》的一位记者对他进行了采访，想请他谈谈连任的感受。罗斯福并没有立即做出答复，而是请这位记者吃三明治。记者觉得这是殊荣，便十分高兴地吃下了第一块三明治。接着，罗斯福又请他吃第二块。他觉得盛情难却，又吃了下去。不料，罗斯福又请他吃第三块。虽然他已经吃得很饱，但还是勉强地吃了下去。吃完第三块后，不料罗斯福又说："请再吃一块吧！"记者一听，哭笑不得，他实在吃不下去了。罗斯福看出了他的心思，微笑着说："现在你不需要再问我对于第四次连任的感想了吧！"记者哑口无言，只好灰溜溜地离去。

罗斯福采用诱导的方法，使记者无法提出问题，从而达到了自己拒绝的目的。可见，当你需要给予对方拒绝的时候，不妨在说话的时候不露痕迹地安排一两个逻辑前提，你自己不必直接说出逻辑结论，而让对方自己去得出逻辑上必然产生的否定结论。逻辑诱导否定法一般用在下属拒绝上司的时候，这样使用效果会比较理想。战国时的韩国大臣掺留就曾经有效地使用过这样的方法。

有一次，韩宣王想重用两个部下，但自己又拿不定主意，就去征求掺留的意见。掺留知道重用这两人不妥，但如果直接说"不"，肯定不会有好的效果，因为第一，可能冒犯韩宣王；第二，韩宣王会以为自己嫉妒贤能。他想了想，就对韩宣王说："魏王曾因重用这两个人而丢过国土，楚国也曾因重用他们而丢过国土，如果我们也重用这两个人，将来他们会不会也把我国出卖给外国呢？"韩宣王听了之后就放弃了自己原来的打算。

掺留这种诱导式拒绝法的效果是显而易见的。

另外，很多人都有这样的体会，在亲人、熟人面前，人们总是要随便一些，有话直说，直来直去。而当人们面对陌生人时，却往往会彬彬有礼，说话很注重分寸。在这种情况下，对方会很难一下子给你提出什么要求，表达什么意愿。所以，在你需要表达否定的时候，就可以多用一些敬语，在语言上表现出对对方格外尊重，使对方产生 "可敬不可近" 的感觉。一般而言，这种用敬语扩大距离的拒绝法比较适合在彼此交往还不是太深的人面前使用。

总的来说，没有人喜欢自己的愿望遭到拒绝，如果对方生硬地扔出来个 "不" 字，更会让自己觉得没面子。因此，你在表达否定的时候，首先需要尊重对方，说话要适当、得体，尽量不伤及对方。

定律 8：热情友好，大胆地说 "不"

心理学的研究成果表明，一个人的心理期望值越高，往往实现值就越低，期望值与实现值常常是成反比的。有些场合，也许你会以为承诺是为了礼貌，是为了保护对方的自尊心不受伤害，是替对方考虑。可是，从你承诺的那一刻起，对方的期望值就可能达到了饱和状态。如果最后的现实是你的承诺根本兑现不了，对方的心理实现值就会从饱和状态一下跌至负值状态，就有可能出现情绪反常，甚至失态。这个时候，因你的 "有礼" 承诺所引起的失礼后果就可想而知了。

所以，大胆地说出 "不"，是非常重要却又很困难的课题。为了长远、有效、脚踏实地地发展公共关系与人际关系，使众多不得不采取的拒绝行为所引起的他人的抗拒心理和消极情绪反应降低到最低程度，我们首先应当具有随时准备说"不"的勇气和自信心，并用热情友好把自己的拒绝"包裹"起来。其次，很多人都知道不能轻易承诺，因为承诺会变成错误，但也绝不可以不礼貌地拒绝，因为拒绝不得法也会带来很多麻烦。

比如，为了拒绝别人，人们有时会含糊其辞地推托："对不起，这件事情我实在不能决定，我必须去问问我的父母。"或者说："让我和家人商量商量，等决定了再答复你。"

但是，这种方法太不干脆了。有些人可能认为这种敷衍是拒绝的好办法，既不伤害朋友的感情，又可以使朋友体谅到自己的难处。但这种敷衍的结果，很可能是对方会再三地来缠扰你，而且最终对方会发觉这是我们的拒绝，以前的话全是敷衍。所以，这不但会使他怨恨你，而且会使他发现你的致命弱点：懦弱和虚伪。

还有一些人，在拒绝对方时，总喜欢模棱两可，让对方还抱有一线希望，例如，"让我试试"，"可能还有机会吧"。这样将会给自己带来更大的困扰，并且让对方漫无目的地空等，是一种不负责任的表现。

可见，有时，最好的拒绝方式就是坚决果断、简短明白、直截了当地表示："不，我不愿意这么做。"在某些场合，对某些人还要说明拒绝的理由，免得节外生枝，事与愿违。同时，拒绝时要热情，语气要肯定，千万不要含糊不清地说："这个……好吧……可是……"

有一次，一位朋友到妍妍的办公室来推销清洁剂，朋友说了整整一上午，妍妍却始终板着脸，摇着头不答应，结果那位朋友只好怏怏地离开了。

几天后，另外一个朋友告诉妍妍，有人在朋友圈子里散播谣言，败坏她的名声。妍妍非常惊奇，因为她从来没有得罪过什么人，怎么会有人这样做呢？他到底为什么呢？

后来，在一次偶然的机会中，谜底被揭开了。原来，那个散播谣言的人就是那个推销清洁剂的朋友。

其实在必要时，你完全可以热情大胆地说"不"，这样既不伤害朋友之间的感情，又可以让朋友觉得也应该考虑自己的所作所为。

美国口才与交际学大师卡内基有一次拒绝了一个演讲邀请，并热情地对邀请者说："很遗憾，我实在是排不出时间来了，对了，××先生也讲得很好，说不定是比我更适当的人选。"邀请者并没有因此而感到不快，反而很感谢卡内基坦率地告诉了自己。

拒绝可以降低你的焦虑，释放你的压力，并且给你足够的时间来做那些真正重要的事情。只要你用一种热情而坚定的语气说："不好意思，我现在不能马上做这个。"如果非要解释原因不可，你就可以说这跟你的时间计划不相符，然后就转移话题。大部分通情达理的人都会接受这个回答，所以如果有人继续要求你，他们就失礼了，你完全可以重复那句"我很抱歉，这确实不符合我的时间安排"，然后转移话题，或者直接走开。

另外，你还可以大胆直白地拒绝对方，不给对方留下遐想的空间。有些人在拒绝对方时，因感到不好意思而不敢据实言明，致使对方产生误会。例如，有些人总喜欢这样拒绝别人："这件事似乎不容易做到吧！"如果对方迫切需要帮忙，很可能认为这是同意的话，而你又没有做到，对方就会埋怨你不守承诺。

　　总之，当你需要拒绝他人时，就要热情大胆地说"不"。只要你很有礼貌、很热情地对待别人，即使拒绝了他们，你们之间的友谊也不会受到丝毫的伤害，甚至还会促进你们之间的友谊。因为每个人都有自己的难处，并不是所有的事都能办得到，更何况我们已经尽力了。